《老子》新解

白力舟◎编著

天津出版传媒集团

天津人民出版社

图书在版编目（CIP）数据

《老子》新解 / 白力舟编著. -- 天津 ： 天津人民
出版社，2025．5．-- ISBN 978-7-201-21079-7

Ⅰ．B223.15

中国国家版本馆 CIP 数据核字第 20251VU330 号

《老子》新解

《LAOZI》XINJIE

出　　版	天津人民出版社	
出 版 人	刘锦泉	
地　　址	天津市和平区西康路35号康岳大厦	
邮政编码	300051	
邮购电话	（022）23332469	
电子信箱	reader@tjrmcbs.com	

责任编辑	郭雨莹
特约编辑	林　雨
美术编辑	卢炀炀

印　　刷	天津新华印务有限公司
经　　销	新华书店
开　　本	880毫米×1230毫米　1/32
印　　张	7.75
插　　页	4
字　　数	150千字
版次印次	2025年5月第1版　2025年5月第1次印刷
定　　价	58.00元

序

　　宇内万象,皆循道之轨迹,悠然运行;人间百业,亦顺乎天理,蓬勃而生。忆往昔,于四川大学杏坛之上,吾与力舟君结缘,共沐学海之浩瀚,情深谊长。力舟者,勤勉不辍,矢志于学,其志可嘉。近日,其新作《〈老子〉新解》问世,吾展卷细阅,感慨系之。

　　老子,周代之巨擘,文献之宗师,思想之渊薮,哲学之泰斗,乃中华道学之巍峨基石,其功不朽。《老子》一书,博大精深,如长江之水,源远流长,滋养着华夏文明之林,实乃我中华优秀传统文化之瑰宝也。人生如旅,若欲明理达道,体悟生命之真谛,则《老子》一书,不可不读,其智慧之光,必能照亮心田,启迪灵性。

　　老子化智为慧,构筑起道学文化之巍峨高峰,其理论体系既深邃又广袤,犹如长城横亘,绵延不绝,既为后世学者提供了攀登之阶,亦开辟了无限探索之径。此乃思想家之崇高境界,若无超凡入圣之天德,焉能至此?

今观力舟君之《〈老子〉新解》，以现代视角，深入剖析老子之微言大义，既承古贤之遗绪，又发时代之新声，使古老之道学智慧焕发出新的生机与活力。吾深信，此书之出，必将为学界增添一抹亮色，激励更多有志之士，于《老子》之道中寻幽探微，共赴康泰之旅。故吾乐为之序，愿力舟君再接再厉，于学术之道上愈行愈远，以更加丰硕之成果，回馈社会，启迪人心。而吾等亦当共襄盛举，运用《老子》之大道能量，修身养性，润泽万物，造福苍生。

詹石窗

岁次甲辰八月初二，

公元2024年9月4日

前言

　　《老子》流传版本很多,根据大多数学者研究成果与考古文物,学界普遍推崇的是1993年湖北省荆州市郭店战国楚墓出土竹简版《老子》(简称郭店楚简《老子》,下同)、1973年湖南省长沙市马王堆汉墓出土帛书《老子》甲乙本(简称马王堆帛书《老子》,下同)、《老子河上公章句》、王弼注《老子》(简称王弼注本,下同)、《四库全书》中的《老子》。历史上多数学者以王弼注本为基本,但王弼注本亦有多种传本。笔者以《四库全书》中《老子》(简称《老子》,下同)作为选本,进行校注、诠释、引著。

　　注释之中,颇有感悟。

　　一者,思之系理。《老子》,千绪之源,万书之母,不言最深,系言有道,不解最大,但思有哲理,思有魅力,各悟有得。见《老子》思源,悟之越深,见《老子》经骨,悟有体系。

　　二者,思之有得。千年春秋,万悟之中,关尹、孔丘、庄子、列子、韩非子、河上公、王弼及道系之族为首悟。关尹与老子同行，其思近矣；丘得老子精髓，由物格思，由思延道，由道生理，积理成大德，积德成儒系，其思跃层；庄子与列子得老子精髓，神来奇往，思畅无际；道系之族，以老子为始祖根源，内修思之源渠，外修思之体态，结合修身、药学、救难、奉世等广泛思拓。其余之思，各自有得，成体系者，亦可鉴之，此合老子之道也。

三者，思之极至。吾见《老子》之思，囊括万象，至问根源；探究万类，道法自然；穷究万治，序势无为；人间之治，重于生态、资源、基建、经济、社会、组织、保障、文化、技术、科学、贸易、金融、政治、军事、数字网络、共同命运、共同理想、共同意志、共同建设、齐力发展、同奔未来及法、纪、职、德、礼、乐之道；宇内至理，道冠诸天方物。宇际星系探索，亦囊括其内。道，不可谓不深，不可谓不广。

为盛世鉴之，通明骨思，和谐正气，吾融断己意，特注《老子》道部。为顺应现代，识以管见，抛砖引玉，故著《〈老子〉新解》。

受编著者经验、水平所限，书中难免缺点、不足，敬请读者批评指正。借此机会，特别感谢各位导师、各位领导、各位同人、师兄弟姐妹的关心，特别感谢各位亲朋好友的关爱，特别感谢天津人民出版社编审校印人员和全体读者朋友的支持！你们的帮助，是本书得以出版发行的精神源泉！

目录

CONTENTS

第一部分 《老子》略概 / 1

第二部分 老子年代断代 / 11

第三部分 老子思源何处? / 33

第四部分 分章解读 / 39

第一章 道与名 / 39

第二章 无为与物道 / 49

第三章 民治与物治 / 58

第四章 道冲与象先 / 64

第五章 仁虚与守中 / 71

第六章 谷神与道存 / 76

第七章 长生与无私 / 81

第八章 上善与不争 / 85

第九章 长保与天道 / 90

第十章　玄德与道性 / 95

第十一章　无有与道用 / 101

第十二章　彼此与抡要 / 105

第十三章　惊患与贵爱 / 110

第十四章　惚恍与道纪 / 114

第十五章　善道与新成 / 119

第十六章　归根与不殆 / 124

第十七章　道境与自然 / 128

第十八章　大道与仁义 / 132

第十九章　朴素与私欲 / 135

第二十章　独道与无我 / 139

第二十一章　惟道与道象 / 147

第二十二章　抱一与不争 / 151

第二十三章　道德与得失 / 156

第二十四章　在道与不处 / 160

第二十五章　独行与道法 / 164

第二十六章　人道与王道 / 170

第二十七章　常善与妙要 / 173

第二十八章　常德与持朴 / 177

第二十九章　天道与圣人 / 182

第三十章　善果与不道 / 186

第三十一章　用兵与尚礼 / 190

第三十二章　朴道与知止 / 194

第三十三章　己道与久寿 / 200

第三十四章　道氾与无欲 / 205

第三十五章　执象与道性 / 209

第三十六章　微明与道噬 / 214

第三十七章　道为与无名 / 219

第三十八章　德衣与道本 / 226

后　记 / 234

《老子》略概

　　《老子》表象述"德"，实为论"道"，以"道""德"为源的中国优秀传统文化丰富多彩，源远流长。以《老子》为依托，道教千年旺盛。故此，《老子》思想为中国优秀传统文化主源之一。现代社会，科学理论系统集成大体，认知实践网络浩瀚深博，"求源""追根""反思""实研""调查类比""虚拟数字""模拟构建"等诸多思维模式或实践方法层出不穷。现代社会，唯有基于老子的哲学思维模式研究或诠释《老子》，寓旧于新，老子的真实意图方能得以呈现。新时代需要新途径解决新问题，从而适应新未来。在国家弘扬哲学的大背景下，重新概略《老子》，是顺势而生的事情。

一、《老子》内容博大精深

　　其一，"道"博大。"道"生万物，"道"若存若无，"道之尊"，此意为"道"博大。似有又似无，却生万物。常人不感知，"道"却时时处处存在。圣人知之，却难以尽述其"道"。"道"无处不在，博于宇内、宇际、宇外，已知、未知，无不有"道"的身影。

其二，"德"精深。"上德不德，是以有德""下德不失德，是以无德""德育之""万物莫不遵道而贵德""含德之厚，比于赤子""重积德则无不克"，明"明德"常远。"德"自贵，"德"有层，"德"化群。"德"生万物，"德"育万物，"德"载万物。

其三，"简"玄宏。《老子》文精字疏，仅五千言，可谓简。"大道至简""道生一"等诸多言辞，见其"简"。由"简"生于"无"，"有""无"相通，见其"玄"。"道"如"一"又如"无"，"一"衍生万物，"无"没有边界，见其"宏"。

其四，"法"广善。"法"是老子重要的哲学概念。"人法地，地法天，天法道，道法自然"，此证"法"广大。"道"实在难以说清，老子以水类比，言"上善若水"。老子以"法道"类如"法水"，故"法善若水"。水之法，水融万物、穿万物、入万物、润万物、化万物，泛滥而养万物，自由而不离水之"道"，亲切而荡荡远逝。孔子曾感叹"逝者如斯夫"！水之"法"，是贴近"道"的，故而"极至若水"。"法"如此广善！

二、《老子》思泛地海天宇

其一，《老子》思万物，穷万类。上至太极、天清，再至太清、虚无，下至赤子、原朴，再俯瞰内视，思之广阔无边。万物皆有其"道"，万类皆顺"自然"，这是《老子》重要的思想。万事、万物、万类、万理、万态，宇内、宇际、宇外，已知、未知，《老子》无不囊括焉。诸如量子纠缠，亦属于《老子》之"道"的范畴。

其二，《老子》执大象，走大道。老子对"大道""大象""大趋势"十分重视。大白、大方、大器、大音、大成、大盈、大直、大巧、大辩、大道，无不讲"大"，无不涵盖"大象"之形。仅以人类之理而言，大趋势是必须遵守的，大概率是必须掌控的。小道理容易明白，大趋势常难识别。"小才用"能获小利，眼下惹人喜爱。"大才用"能胜未来，相帅方知利害。故而"大象"难识，哲学难学，圣人难知，"大道"难成。"大道"能成者，其常隐"道"于平凡，世间甚少也。常言"大隐隐于市，小隐隐于野"，大圣者执"大象"若常人一般，大道理同尘土一样行其"大道"。

其三，《老子》处自然，顺道用。"大道"顺其自然，"道法自然"，意均为顺"道"而"然之"。自为、自初状态之各"道"，以"无"的状态影响万事、万物、万类、万理、万态，这种影响是一种"道用"，这种"道用"也是顺自然之"道"。

其四，《老子》不争害，不争先。不争、不害、不智、不先、不厌学等等，无不反映出"不争害"的思想。"不争先"，老子本意是，万事、万物、万类、万理、万态，自我遵"道"运行，在遵"道"过程中保持自我之"道"的独我状态。因"道"自我自性，从而实现"道"的独立性，即"不害道"。以人类处理具体事情来比述，人类解决问题，为避免武力，常以本群体、组织、国家公认的"道"来解决，这个"道"可能是制施的法律、某民族的信仰、某组织的约定……在解决具体问题的过程中，不违背某个共同"认定"，这就是一个"不争害""不争先"的例子。再以体育竞技为例，比赛中的参赛个体一定要有"忘他胜己"精神，即在比赛中一定要达到忘记一切并战胜自己的状态，这样才能发挥个体的最大潜能，如此方能战胜他人而夺取冠军。

其五，《老子》善慈俭，和大用。

《老子》多处阐述了善、慈、俭、和、用。下文另论"执善"。此处说说慈、俭、和、用。《老子》言"慈"，"慈"者，仁慈与仁爱且有包容理解、追求本原并顺"道"自然之意，亦有在千丝万缕的玄妙关系中一心持"道"、在兹念兹、理"玄"持"道"、不忘"道本"之意。与"慈"相关内容，是老子思想的重要组成部分。"道"之不足，"德"补之；"德"之不足，"慈"补之；"慈"之不足，"仁"补之；"慈"介于"德"

"仁"之间,"仁""慈"相近,故老子视"慈"为一宝。"大道废,有仁义;六亲不和,有孝慈"这反映了"道""慈"的一种关系。"民复孝慈"反映出以"慈"方式回归"道"原。如果时时以"慈"方式回归"道"的本原,则"勇"矣;如果"舍慈且勇",则"死"矣。当代"慈不掌兵"中的"慈"字之义与《老子》"慈"字之义完全不同。很多道教场所标注的"慈航普渡""慈海无边"中的"慈"字,与《老子》中的"慈"义相近。

《老子》言"俭","俭"者,在遵循"人道"过程中,时时保持克己的态度,确保不离"道"的本原。换句话讲,要克制收拢与"道"不一致的,若履薄冰、若临深渊一般,时时保持谦逊恭俭的态度,从而达到顺"道"自然,这就是"俭"。

《老子》言"和","和"者,万物相融,若水之"道用"。"和其光""六亲和""终日号而不嘎,和之至也"多处表达出"和"意。

《老子》言"用","用"者,"道用",即"道"动之功用。《老子》"道用"之言,处处展现。如"道""德""慈""仁""义""礼"的关系是"道用"表象之一。再如,"天道""地道""人道""王道"的关系也是"道用"的另一表象之一。

三、《老子》思模虚实自然

《老子》思维模式可分"五极""五执""五常"。

其一,"五极",乃极象、极至、极玄、极虚、极反。

极象者,象帝之先,恍惚若绵存。这就是说,大道理、大趋势、大方向、大潮流、大概率等等,普通人看不见、摸不着、讲不出,但它存在于万事、万物、万类、万理、万态、宇际、未知等等。未成形,却常在。如计算机未研制成功之前,计算机模型就存在于科学家的头脑之中。科学家头脑中的计算机模型,是计算机的这个"象帝之先"。再如,人类未发现黑洞之前,通过科学测量,科学家隐隐若若洞察到星河引力、举力、河系旋转臂力之外不可见的力量,通过测算发现并命名其为"黑洞"。此前科学家洞察出的"黑洞",类似宇际之间的"象帝之先"。人类一切是宇宙的极微部分。宇宙的"大象"囊括银河系这个"小象",银河系的"大象"囊括太阳系这个"小象",太阳系的"大象"囊括地球这个"小象",地球的"大象"囊括人类的万类"小象",全人类的"大象"囊括各国或各世界性组织的万类"小象",某国或各世界性组织的"大象"囊括该国千家万户或该世界性组织成员的万类"小象"。"大象"对人类有着"大用"。商者发现"大象"者必生财,智者发现"大象"者必成器,革者发现"大象"者必有新,政者发现"大象"者必顺达……见"大象"而引领且恒行者,必成大器,宇内万物皆如此。

极至者,思极至,物极必反,"有""无"同出而异名。老子时代,哲学家们对极至问题进行了思考。老子对天、上天、天上之天进行大量思考,才有了《老子》五千之言。正因如此,才有道教"上清"等称谓之来源,这也是老子被道教尊称为始祖的原因。老子不知其后有道教。"道教始祖",是后人给予老子的美誉冠称。再如,数学中的"极限"理论,很多论题均在特殊值或极限等假设状态下求果,在特殊算法上深度思考,这也是极至思维模式之一。只有长期坚持数学思维模式与极至理论、特殊算法、系统数理深度分析或群组研究、超规模超强度理化实验与数研结合、大概率测试、高频率科学实验、研析运用系统成模等,才能夯基"高精尖"科学。所以说,数学是科学之基。极至思维模式应该是人类在科学道路上最重要的思维方式之一。此处不排除辩证思维、战略思维、历史思维、创新思维、法治思维、底线思维、概率思维、精准思维、系统思维、逆向思维、模拟思维、数字思维等思维模式。

极玄者,妙微通达,"玄"之又"玄",众妙之门。这个"玄",是《老子》中难以厘清的一个概念。其有神秘之态,有灵巧之功,有微变之效,有转化之力。"玄",说不清、道不明,却有妙用。因"玄",常人难以理解《老子》。例如,《老子》认为"道"虽存于"万物",万物却在"道"之上,均在"道"之后,万物因"道"而来、因"道"而存、因"道"而去。又如"天地不仁,以万物为刍狗",天地不以人类而偏私仁义,天地对待人类与对待天下万物一样,自我运行,万物若刍狗一般顺"道"自然生长而无拘束。如"无中生有""有无相通",则更玄。

极虚者,由"非常道"虚化为"可道","大象"无形,实为理论概念。《老子》之"道"是"极虚"的理念,是"太虚"的表象。"空"有"道用"。如,房间的窗子、碗的中空、车辆轮毂内的空缝等,均有"道"用。"虚"有妙用。如,办事效率越高的用人单位,会全力支持劳动者多度假、护健康、常提能、广博爱。为什么?这就是"虚"的道理。这个道理,只有胸怀卓识的企业家、高智者能认识到。

极反者,亦可称之为极比思想方法。至"有"似"无",曲则全,负阴抱阳等,均为极反类比思想。物极必反,这与《老子》文中"极反"思想是一致的。委曲求全,就是从《老子》"极反"思想中引申出来的。

其二,"五执",乃执"道"、执"无"、执"德"、执"善"、执"大"。

"执道"者,以"道"御今之"有"。"道大"为域中四大之一,"道法自然","道生一",以"道"佐人主,"大道"泛兮其可左右,前识者"道"之华而愚之始,"明道"若昧、天下有"道"等诸类,确立了"执道"思想。"执道"是"道"保持"自我""自性"等意。

"执无"者,无为、绝学、以无事取天下、我无事而民自富、我无欲而民自朴,均反映出"执无"思想。"执无"是"道"不干涉万事、万物、万类、万理、万态等意。

"执德"者,以"德"为始,以"德"为先。《老子》中的"上德""无德""有德"等,均对"德"重点描述。老子认为,见"德"须厚,喻为赤子。在北京天安门旁边的南池子、北池子,此喻为"德"厚堪比赤子。南池子,喻南面对域内之民赤胆忠心;北池子,喻北面对上苍大地赤廉忠诚。"执德"是保持顺"道"而为本性等意。

"执善"者,"上善若水","善"治大国若烹小鲜、"善"建者不拔、善行无辙迹、善者不辩、"善士"者不武诸类,均反映出执"善"思维。"执善"是在德不足的前提下弥补"顺道而为的本性"而作为之意。

"执大"者,"大成"若缺、"大巧"若拙、"大直"若屈及执"大象"诸类,无不反映出"执大"思想。"执大"是持"道""大象"而把握大概率、大趋势、大方向、大原则、大改革、大开放、大格局、大创制、大融合、大周期等意。

其三,"五常",乃常足、常无、常明、常自然、常与善。

"常足"者,常德乃"足"。"足"伴随自食其力,"足"伴随俭朴自予,"足"可止贪欲,"足"可防极满至反,常"守足"能预防祸端,故知"足"常乐,知"足"之足,常"足"。

"常无"者,取天下常以无事,圣人无常心,常以"无"观其妙。无忧、无为、无弃、无誉,均以"无"为中心。"常无",意味着"道"无不为而"至道""无为",演化为"无为"。"常无"微玄,可洞悉其理。"无"不为至"无为",与"道"不为至"道为"有相同意思,即"道"在万物之中却不对"万物"加以干涉,"道用"自然彰显。

"常明"者,知"和"曰常,知常曰"明"。"常明",意味着"和"持久。常心知,常"明"大道、常"明"大势、常"明"大德、常"明"大礼、常"明"日常,甚至与光常同辉,与尘常同在,可以称为大智或弃智。尔后恒持,可称圣人,圣人不行而知,不见而"明",不为而成。

"常自然"者,时常顺着"道"的本原而保持"道"原有的状态,不予干涉,小心融入,最终处于与"道"几乎同在的状态。《老子》"顺其自然"的思想是《老子》的一个支柱。

"常与善"者,常顺天时,"天之道,不争而善胜";常处善地,可以避地之害;常善于人,天下无不可用之人;常善用物,天下无不可用之物;常善事理,天下无不可解之事;常善于治,治大国若烹小鲜。

老子年代断代

老子是中华民族伟大思想家之一，也是全人类伟大思想家之一。老子思想是中国"道""德"思想文化的重要源头。断代老子，对研究老子思想有重大意义，至少可以更精准地把握老子的思想根源。

在文献、考古文物等确凿证据不多的情况下，对老子年代的断代十分困难。粗略断代老子年代，则有迹可循。

一、以《老子》文中涉及的季节物品为据略断

在帛书《老子》中，有"其若冬涉水"；在郭店楚简《老子》中，亦有"若冬涉川"。有学者称，在商代以前，气候仅有春秋分季。据《素论·八正神明论》关于"帝曰：星辰八正何候？岐伯曰：星辰者，所以制日月之行也。八正者，所以候八风之虚邪，以时至者也。

四时者，所以分春秋冬夏之气所在，以时调之也。八正之虚邪而避之勿犯也。以身之虚而逢天之虚，两虚相感，其气至骨。入则伤五脏，工候救之，弗能伤也。故曰：'天忌不可不知也。'帝曰：善"的记载，上古已有春秋分季，冬夏概念不很明确。有个别学者研究认为，西周中期才将四时规范为春夏秋冬。此论断如果正确，那么它可视为老子生于商代之后的一个论据。《老子》言及金，从广义中原地区现有出土文物看，金器最早产于商代，进一步说明老子年代不会早于商代。

二、以《老子》文中涉及的思想内容为据略断

"以邦治国""以正治邦""治大国若烹小鲜""王亦大"等，无不反映了其邦国思想。其邦国思维模式，"邦国""王大"共存状态，只可能在诸侯分封、邦国共王的模式下产生。《老子》文中"王亦大"的"王"思想和《老子》通篇的"德思想""道思想"及其"遵道""顺道""无道""大同"思想与"天下共主"的思想一致，唯有诸侯分封才可能有此产物。根据史载，周宣王任前，周时代处于"共和"时期，周宣王成功西征之后，各小邦、大国均处于各自原始积累和成长阶段。当时周王朝处于邻国相望、鸡犬相闻的和平景象。没有和平的环境，难以产生老子思想。周王分封诸侯唯秦灭周之

前，即公元前256年之前。中国社会科学院历史研究所副所长王震中在《中国王权的诞生》中指出，"夏禹的后期完成了由邦国联盟的主权走向王权的步伐，而'家天下'王朝王权的世袭制也正是从禹到启完成转变的"。学者普遍认为，"王"称谓在商周。笔者认为，在"王道"之下，《老子》是主要针对周时代《吕刑》制施的反思之作。《吕刑》"明德慎罚"立法原则可能引起老子的反思，其提出维护"王道"新办法，以缓解当时诸侯邦国之间初显的社会矛盾。老子思想反映出老子生活的年代是在《吕刑》时代（约公元前1026年—公元前922年，或约公元前1054年—公元前949年）后。据此，老子生活的年代应在周代公元前950年之后、公元前256年之前。

三、以马王堆帛书《老子》和郭店楚简《老子》为据略断

1973年12月，湖南长沙马王堆三号汉墓出土帛书《老子》甲、乙抄本。甲抄本字体介于篆书、隶书之间，无避讳，可以判定该版《老子》当为汉高祖刘邦在位（公元前206—195）之前的抄本，且该古隶与四川省青川县郝家坪第50号战国墓的墨书古隶相近，号称古隶原乡的青川县郝家坪古隶，明确年代为公元前309年；乙抄本避讳"邦"字，不避讳"盈""恒"字，乙本应在刘邦时期或之后，文景

之前。1993 年 10 月,湖北荆门沙洋区四方乡郭店村一号战国楚墓出土竹简《老子》甲、乙、丙组,2046 字。据考证,该墓为战国中期楚国东宫太子之师之墓(约公元前 400 年)。此时《老子》抄本应该盛行,否则在交通不发达的战国时代,加之周代称楚为荆蛮,若《老子》抄本数量少,则很难流传至楚国。加之《庄子》《论语·宪问》《论语·卫灵公》等均曾述《老子》之言。《老子》一书应在春秋早期就盛行。楚国东宫太子之师之墓约在公元前 400 年左右,有学者认为该墓应在公元前 300 年左右,若按楚国东宫太子之师的年龄倒推 100 年,约在公元前 400 年之前,《老子》就传到了楚国,老子一定早于公元前 400 年。

四、以产生《老子》思想的周代大背景为据略断

根据甘肃省庆阳市庆城县东山周不窋之陵《周代世系图》记载,周时代分为三个阶段:公元前 2070 年至公元前 1046 年为周祖时代,公元前 1046 年至公元前 771 年为西周时代,公元前 770 年至公元前 221 年为东周时代。周祖时代,没有老子思想产生的物质基础与邦国基础。西周早期,邦国各类建制初兴,没有共王共和的先例,不可能产生老子思想。东周晚期,战争频发,战乱不止,君主集权思潮汹涌澎湃,在君主集权思想大潮中任何人都不可能

冒出"共和""顺其自然""邻国相望""民至老死,不相往来"等想法,所以东周晚期不可能产生老子思想。据此,老子思想只可能产生于西周中期、西周后期、东周早期、东周中期的某一个时期。从历史上看,共王共和时代在西周时代后期,因而老子思想只可能产生于西周时代后期或以后。东周中期,争霸新思想广泛初兴,要产生"邻国相望"等思想,缺乏广泛的社会条件、经济基础与舆论宣传基础,因而老子思想只可能产生于东周时代中期或以前。老子思想产生的年代,不排除在分封列国共王、邦国尚洽共和等各类能够促进老子思想成形成熟的前提条件下的东周早期,也不会排除在共王共和时期之后的西周后期,即老子年代应在西周后期至东周早期。据此,《老子》思想主要框架结构的成形,应在公元前850年至公元前500年之间。

五、以尹吉甫、尹喜、颜阇、秦佚、孔子等历史人物为据略断

尹吉甫被后人称为军事家、政治家、诗人、哲学家,是整理《诗》的大成者之一。尹吉甫生于公元前852年,卒于公元前775年,为周宣王时期的人,这是没有争议的。尹吉甫信仰"道",其思想可能源于与老子交会后的新生信仰。当时,有一种可能的情况是,青年老子处于朝堂之上,尹吉甫为朝廷外派大员。虽然尹吉

甫比老子年长,但是老子父亲、老子爷爷及老子曾经帮助尹吉甫分析了当时政治背景与尹氏家族前景及朝廷内幕。通过多次交流,尹吉甫最终信"道",并长期驻守周朝西部边境,即今天的甘肃与陕西西北一带。此时的"道"只是老子头脑中最开始向少数人宣传的"道"。尹吉甫作为周宣王时代的重臣,老子是朝中柱下史,老子父亲、老子爷爷及老子与尹吉甫相交的可能性极大。

相传尹喜与老子在函谷关会面。尹喜为甘肃天水人,有学者说尹喜是大散关关令,有学者说尹喜是函谷关关令。尹喜、老子是同时代的,这是明确的。笔者猜测,尹喜、尹吉甫、老子,可能是不同辈份年龄相差较大但曾处在同一时代的三人。尹吉甫比老子年龄大很多,在朝中时,两人有交往。老子又比尹喜年龄大很多。尹喜可能由尹吉甫推荐为官。在尹吉甫推介下,尹喜拜会过老子。在原来交往中,尹喜知道老子有很大学问,尹喜多次向老子请教学问。尹喜、尹吉甫、老子三人之间可能相约数年后。毫无疑问,后来老子及随从西行,尹喜作出了妥善安排。这才有后人称道的老子过关、尹喜学道、"紫气东来"等故事发生。有学者认为,以函谷关设关时间推演老子时代,此有待商榷。至今,函谷关设关的时、地不可详考,且函谷关分为先秦之前的函谷关(不排除夏商周时期可能设置关口)、秦时函谷关、汉时函谷关、魏时函谷关、近现代函谷关等等。

陈鼓应先生在《老子今译今注》中提出,《战国策·齐策》载有"颜斶曰：老子曰：'虽贵必以贱为本,虽高必以下为基'",此句出自老子第三十九章。陈鼓应先生认为,颜斶与齐宣王同时代。笔者认为,仅以《战国策》记载为据,信不足。

老子辞世时,秦佚吊丧。秦姓源于秦,周朝时期秦源于其先祖养马能手非子受封的今甘肃省清水县一带(后人称之为秦亭),公元前858年非子逝,自此渐有秦国建立,秦姓由此发源。老子应在公元前858年之后。

根据《史记》记载,孔子曾问礼于老子。孔子生卒无争议,即生于公元前551年9月28日,卒于公元前479年4月11日。根据传说,在孔子向老子问礼时,老子牙齿快没了。若根据《史记·孔子世家》记载,公元前518年孔子适周见老子,孔子当时34岁。老子善于养生,大家没有争议,老子60岁没有牙齿的可能性极小,当时老子约90岁,以此倒推,老子应在公元前608年左右出生。但《史记》对此不确定。根据《水经注·渭水注》记载："孔子年十七,问礼于老子",即公元前535年(鲁昭公七年),在鲁国巷党,孔子第一次向老子问礼,那年孔子17岁。若《水经注》记录属实,公元前535年孔子17岁,若老子与孔子的年龄差在20岁,公元前535年的老子则应为37岁,老子应出生在公元前572年;若老子与孔子年龄差在60岁,公元前535年的老子应77岁,老子应出生在公元前 612 年。根据《史记·孔子世家》记载:"鲁南宫敬叔言鲁君曰:'请与孔子适周。'鲁君与之一乘车,两马,一竖子俱,适周问礼,盖见老子云。……孔子自周反于鲁,弟子稍益进焉。"及《史记·老子韩非列传》载"孔子适周,将问礼于老子",皆无确信。有学者认为,在公元前 518 年周都洛邑(今洛阳)孔子问礼于老子,但不确定。若根据《史记·孔子世家》《水经注·渭水注》记载,老子生于公元前 600 年左右,可能是公元前 572 年,也可能是公元前 608 年,均为东周早期。如果老子出生在公元前 572 年之后,正值战争频发阶段,那么产生老子思想太难了。

《庄子·天运》《吕氏春秋·当染》《吕氏春秋·不二》讲的均是老聃,老聃是不是老子,至今尚不明确。

《庄子》记载孔子几次拜会老子。虽然初步推断庄子生于公元前 369 年,但是庄子的出生年份有争议,不予置评。孔子问礼于老聃的事,当今依然为多数学者所接受。说明老子思想影响了孔子,即老子时代必然早于孔子时代。

如果以上猜测是事实,加之公认的历史人物所处的年代,老子一定生于公元前 858 年之后的周宣王、周幽王时期且在公元前 479 年之前(孔子离世年份),老子年代很可能在公元前 858 年(秦姓始祖非子离世年或秦姓起源年)至公元前 479 年之间。

六、以现存周代史料记载和行政区域为据略断

公元前841年至公元前829年（周厉王暴政逃离王宫避害）由召穆公、周定公代行天子职务，形成"共和行政"局面。这次"共和"（公元前841年开始）是公元前1042年召公奭与周公旦在今三门峡市"分陕而治"共存后的第一次共和共主。只有在这种"共和"行政背景下，才有老子倡导的"天下共主""天大、地大、王亦大"的思想基础。周宣王继位。当时周宣王兴礼，老子主礼且兼任史官可能性是存在的。当时井田制兴起，这才有《老子》"民至老死，不相往来"的经济基础。加之周宣王治服了西北方向的少数民族，老子西行也才可能有社会基础和行政区域的地理基础。据此，老子一定生存在公元前828年（"共和行政"后一年）之后，即老子生于周宣王（公元前782年死亡）时期的可能性最大。但有一种情况不排除，老子生于周幽王时代，在周平王时代担任柱下史，在周平王东迁时（公元前770年之后），老子不愿随往。周平王可能提出，随从人员可根据意愿决定是否东迁，此时老子乘机归隐周朝发源地。

七、以道教遗址与《老子化胡经》等记载为据略断

根据成都青羊宫记载,周昭王曾会老子。根据函谷关对关喜的记载和青羊宫的记载,周昭王与老子产生过交集。周昭王卒于公元前977年是明确的。成都青羊宫等传说周昭王(公元前977年前)召见过年青时期或少年时期的老子。其他各地道教也有此传说。

根据"十五"国家重点图书出版社规划项目资助的张继禹主编的《中华道藏》(华夏出版社)中蒋力生主编的第28册第472页记载"《老子化胡经》云:吾以幽王时出为师,教为道法,观其虚实,为柱下史,姓李,名耳,字伯阳……"《老子化胡经》为我们提供了一个新的思考方向(此处不论证《老子化胡经》)。

若按照此说,周幽王生在公元前795年—公元前771年,公元前782—公元前771年为西周第12任(不含14年的共和行政)王在位。若老子在周幽王出师,则老子身存于周宣王、周幽王时代。据甘肃庆阳市庆城县周不窋之陵《周代世系图》,周昭王为西周第4任王,若老子生于周幽王时期,老子则与周昭王相差216年左右。

笔者认为,周昭王可能召见过老子父亲或爷爷(其很可能任

职礼官或史官），并在周朝故地（西周国都之西）分封有田地。老子继承了前辈经济和政治遗产及其思想，其前辈将老子安排在王宫作为史官或礼官。正因为有继承，老子才有机会接触更多简帛，老子也才可能思的更广，看的更远，耕的更深。加之老子性格内富而外静虚，不喜张扬，这种性格正是传统朝内官员谨慎的传统性格。老子自己未宣扬，后人传其与周昭王会过面。周宣王西征用人之际，老子是周朝先帝遗臣之子被重用。还有一种可能，在周宣王西征时，尹吉甫是西征大将军，当时少年老子可能是周宣王西征的随行人员，周宣王末期顾及老子先辈之旧情，极有可能安排青年老子为柱下史（公元前782年之前，即周宣王逝世之前）。在周幽王时，老子借机离开西周朝廷。如果这种猜想与实际相符合，那么其猜想结果与《老子化胡经》所说的"吾以幽王时出为师"不谋而合，也与道教传说相近。周昭王见老子、老子幽王时出师等道教记载，虽然不能为老子年代提供确凿证据，但是均从侧面提供了老子出生年份在西周晚期的类似证据。道教，既然把老子作为始祖，一定会想方设法把老子的生平搞清楚。目前，道教所有书籍记载均指向老子出生在西周末期的事实。

八、以楚国历史与郭店楚墓发掘文物等为据略断

从湖北荆门郭店楚墓（公元前374年入葬）、湖南长沙马王堆汉墓（汉代）分别出土的《老子》看，《老子》一书分布地域广泛。郭店楚简《老子》说明《老子》当时在楚国很流行。从楚国历史看，基本上没有老子思想产生的社会背景与相应的经济基础。可以推测，老子思想的产生是周朝分封楚国前后的事。根据《国语·晋语八》"昔成王盟诸侯于岐阳，楚为荆蛮……故不与盟"，或因周成王视楚地为荆蛮未授其宝器，早期楚国，想方设法获取各类先进知识、治国理论等，是必然的。东周中晚期，楚国强盛是历史事实。晚期楚国，寻求老子等理论缺乏支撑依据。从这个角度看，《老子》不会晚于楚国中期，即在楚国兴盛之前，也就是在西周后期、东周初期，《老子》就传到了楚国。具体地说，《老子》传至楚国，可能是在楚武王兵伐之前后（楚武王死亡时间为公元前690年）；或可能是在楚穆王攻打陈国（攻打陈国时间约在公元前618年）之前后；远远早于发掘郭店楚简《老子》之楚墓的墓主人时间（公元前374年），极大可能在公元前690年之后。在郭店楚简《老子》未出土前，有学者提出"老子晚于孔子"的观点，此处不再论证其错误观点。如果在楚穆王攻打陈国时楚国就得到《老子》一书，那么老

子一定早于公元前618年。

综合对楚国历史分析及周朝共和14年（公元前828年）等情况，老子时代极可能在公元前828年之后、公元前690年之前。加之西周灭于公元前771年，老子应生于周宣王时代，为官于周宣王、周幽王或周平王朝中。周幽王或周平王时期的某年，老子离开朝廷。老子看到了西周时代灭亡和东周时代初兴。

九、以道教零星传说及孔老会面之说等为据略断

根据《神仙传》记载，老子活了二百余岁。又传说老子的母亲怀胎81年。据孔子弟子或后人记载，孔子对其弟子讲见老子的场景，只是说所言之人"骨已朽，言犹在耳"，但孔子说自己面见过老子未见记载。孔子问礼于老子，有无此事，须另证。从孔子言论中可以看出，孔子读过《老子》。如孔子感言"逝者如斯夫，不舍昼夜"和老子"大道氾兮，其可左右""上善若水。水善利万物而不争"存在某种关联。

我们是否可以作出如下推测？在孔子时代，虽然老子是公认的圣人之一，但是老子已不在人世。孔子周游列国时，一定会去瞻仰或拜访老子后人或老子思想的继承者。老子思想需要长时间深悟，一般情况下很难读懂。孔子崇敬老子的事情，其弟子皆

知。可能是孔子读《老子》后，深感其无边，或许孔子周游时曾到老子故里游访。对老子出生年代，孔子弟子或其后来者，应该是清楚的。为弥补孔子的精神寄托，为了补上孔子、老子之间的年代差，很可能孔子弟子或其后来者杜撰了孔子与老子会面、老子母亲怀胎81载等传说。如果这个猜测是真实的，那么《老子》著作者应该在公元前632年之前（孔子的出生年份为公元前551年，再加上81年）。老子在孔子出生前81年尚在人世，加之传说孔子拜见老子时，老子已经高龄（牙齿快掉完了），假若按照60岁左右年龄差距计算。按照这一推论，老子极可能在公元前692年逝去（老子母亲怀胎81年，再加上老子孔子相差约60岁）。

如果这个推测与事实相符，老子逝于公元前692年，老子母亲怀胎81年、老子活了二百余年的传说也才符合逻辑；老子在周幽王时代出师是完全有可能的。这与楚国历史、鲁国历史、孔子时代等也能够前后呼应。

有学者依据《孟子》之说未涉及老子只言片语，就此认为老子比孟子晚。其实这是一个有缺陷的认识。《孟子》等论述未涉及老子，这不足为奇。一者，这些著述已被孔子儒学占据了全部思想，难以容纳其他思想。二者，老子思想博大精深，老子、孔子各自独立成派。孔子曾感叹"逝者如斯""吾所见老子也，其犹龙乎"，却未真正解说老子。三者，老子思想难以理解，尤其是"无"与"有"

"同出而异名""道生一"等内容。四者,孟子等人专注儒学与格物之理,难涉及他说。五者,领悟老子思想,须有从政、知军、博古及丰富阅历等,须心怀自然、民众、大局、德善、邦交、国治等思想,同时要思索人间之事、天地星宇等,这才有老子之道的思想基础。孔子、孟子作为封建思想时期的代表人物,其思想很难与老子倡导的"共和""共王"等思想共鸣。

有学者以《庄子》多用"聃"谥号等推演老子的情况,认为庄子与老子相差约200年。其实,这仅反映孔子、庄子等与老子思想"神交",这是《庄子》文章的风格所在。以《庄子》等为据推论,不足信。《史记》对此也难查证。从若干现存依据侧面看,在周代,老子就有影响力。从现代出土的文物、西汉《老子》等简帛来看,老子在周时代影响很大。有学者指出,韩非有《解老》篇,说明《老子》至少产生于韩非之前,这是肯定的。韩非生于公元前396年,老子生于公元前396年之前是肯定的。

假若按照老子逝于公元前692年和老子生存了120岁推算,老子可能生于公元前812年。如果这个猜测是真的,那么老子出生在周宣王时代、出师在周幽王或周平王时代、辞世于周平王时代或更晚年代是完全有可能的。此猜测,老子生存年代特征对比楚国历史、秦姓起源、共王共和、王朝盛世、井田初兴等特征,更具有符合性。

十、以追踪老子西行动机等为据略断

老子为何西行？可以作出如下猜测。第一，为了追随同道。根据前文所述，为了履行与尹吉甫、尹喜之前约，老子西行。在旅访过程中，老子曾游过朝歌（商朝旧都）、洛邑（现代河南省洛阳市，西周重镇）；到过函谷关（现河南省灵宝市境内，此处不论老子时代与东周早期或西周末期的周朝首都是否在洛邑的问题），其在函谷关应尹喜之约，写下《老子》初稿；曾经阴晋（现陕西省境内华山之东）越华山，在华山游历并俯视内省一番，有所思；曾经潼关，过镐京（现陕西省西安市）。随后老子从丰京（现陕西省西安市西南）出发西行，沿渭水河岸游访（周厉王出奔时沿渭水），过终南山楼观台（现陕西省周至县），讲习《老子》；过大散关（现陕西省宝鸡境内），其间，老子修订《老子》；后入甘肃省伯阳县，后至邽县（现甘肃省天水市）、陇中（现甘肃省定西市）、狄道（现甘肃省临洮县），在周朝境内，老子多处寻找黄帝、炎帝遗迹并在周朝发源地、自己先辈封地等处巡回教化；再西至湟中（现青海省西宁市）、沙州（现青海省敦煌市），在甘肃、青海一带教化；后至古仇池国（现甘肃武都市及四川北部及青海省一部分）教化，再经古沙沱国（现甘肃省武都市、四川省广元市部分地区等），渡古白水（现嘉陵江重要支流白龙江),过古白水关(现四川省青川县沙州镇营盘乡,该处曾发掘先秦古墓群60余座)并沿河而下至古蜀国第一站古葭萌城(现四川省广元市昭化区昭化古镇对面的摆宴村,现该村已发掘出西周古城遗址),继续沿途教化,直到成都青羊宫(周朝时代建筑)。

第二,为了传播道法。前文《老子化胡经》讲了,老子在周幽王时出为师,教为道法,观其虚实。这个"其",肯定包括当时周王朝、各诸侯邦国、当时重大事件及延伸出的天大之事、地大之事、王大之事、道大之事等。

第三,为了归隐故土。在函谷关时,老子曾说田在西边,西部为周朝故土,老子前辈在西边肯定有先辈留给自己的封土。周时代行政管辖的西部地区是连片的大块田地与山区相间的地区,这是隐士藏身的最好地方。老子隐居思想和自我严格遵道存世等思想,从许由时代至周时代,机率很大。

第四,为了避开乱世。老子洞察力是深邃的,虽然他见到了前朝"共和"的益处,但是也一定会看到当朝失仁败政的趋势。老子看到了乱世趋势且不可逆转的局面,老子选择适时离开周王的朝政。在当时的特殊背景下,虽然老子离开朝政是无奈的选择,却是最正确的选择。古代,王身边的人员要离开朝廷十分困难,尤其像老子这样的柱下史。柱下史是记录王的日常和天下大事,官位显赫，这一点从汉武帝对待司马迁写史的态度上就可以看出。老子离开，一定是朝廷有重大变故。周幽王失去诸侯国的公信力，已不问政事，老子离开才有可能。若是周平王时期，老子离开的可能性只有周平王东迁都城这个时间节点，对朝堂上的柱下史来讲，其他时间节点不适宜。这或许才是历史的真相。

第五，为了回寻黄帝踪迹。老子肯定读过三皇五帝的典籍。从典籍分析，黄帝思想与《老子》思想是同向的，即黄帝思想对老子影响很大，有学者称黄老学说。从地图分析，黄帝主要的活动轨迹在西北大地。老子向西，不排除老子存在一心寻找黄帝影子的动机。

第六，为了往秦向西。当时，秦继承了西周部分政治遗产和土地，特别是周祖一带，老子往秦也应是首选。

第七，为了执行使命。周宣王时期，周朝西部多民族地区被平定。西部被平定地区有尹吉甫等大批官兵驻守。为了进一步巩固周王朝的统治，维护西部多民族地区的稳定，周朝必须推行教化。为了进一步教化刚接受周王朝统一的西部多民族地区人民思想，带着周王要求推进教化工作的秘密使命，在周幽王清醒时，老子执命向西。同时，老子坐骑是瑞兽"兕"，该动物是周朝时的稀有动物，可能是周王赠送的。

断然不可根据孔子、老子会面推断老子生活的年代，毕竟孔子、老子会面之说缺少时、地、物、史的支撑,加之孔子对拜见老子一说从未持肯定态度。至于有学者推断"孔子加害老子",这是严重缺乏事实依据的。亦有学者初步判断,老子生于公元前571—公元前471年。老子不可能刚好活一百零一岁。可以这样猜测,不可以这样明断。据鹿邑县和涡阳县有关记载,老子生于公元前571年农历二月二十五日。老子卒年,因老子西游无从推定。

综合以上情况,初步略断:《老子》书成于周代,老子生活在周代,老子年代介于西周后期至东周初期。笔者推测,老子的父辈爷辈或先辈生于周昭王时代的西部;老子本人生于周宣王时代的西周中部;周宣王时代,老子承先人之恩,少年时期学习担任柱下史;在周宣王南征失败后,他看到了周朝败落的前象,但仍然对当时周朝满怀希望;周幽王时代早期,青年老子亦担任朝中柱下史;在西周濒临灭亡时,即周幽王时代中期,多次亲历朝政大事件,青年老子看到了周幽王弃道德、远仁义之败相,老子的那颗回归西周西部故土的决心越发坚定,老子到西周西边胡邦出师导化的新理想在燃烧;周幽王时代中后期,老子一心想找到向周幽王辞离的机会,数年之后,中年老子终于找到一个合适机会并在周幽王同意下辞官向西归隐(期间不排除其在周平王向东迁都时期离开周王朝)。在经过函谷关时,中年老子与尹喜讨论了尹吉甫、朝事乱序等诸人诸事,其间在尹喜支持下,为后人写下不朽篇章《老子》;西周末年、东周初期,老子听闻周幽王败政、西周灭亡、东周初兴、东周首都东迁、大小诸侯兼并、战乱频发、多个周朝的小诸侯国灭亡、秦国初兴等重大消息,自此不再向东,晚年传道授业,不知何年何地,逝离人间。因此,孔子见到老年老子的可能性极小。

概括起来,老子生活年代虽然无定论,但是基本可以推断是在公元前828年("共和行政"后一年)之后至公元前608年(《史记·孔子世家》倒推大致年份)之间;不排除老子生活在公元前812年至公元前690年之间;可以判定老子一定生存于公元前820年至公元前479年(孔子离世年份)之间。

老子生存之地在哪里?老子的语言体系接近陈风、鄘风、郑风、豳风及周边语言体系,其出生在华北平原一带,很可能早期在古幽州一带生活过,中年时期在以石家庄、郑州、济南为顶点的三角区内生活,即华北平原中部偏西一带生活过。《老子》文中涉及"橐""篇""虿虺""攫鸟"等。"橐"一般产生于大量羊皮之地,"攫鸟"一般以隼、雕等为主,攫鸟广泛分布于北方,说明老子生活之地在北方;篇(与竹有关)、虿虺(与毒蛇有关)等物,说明老子的生活地不会太靠北方,至少在幽州以南、荆楚以北。再据周朝地图,疑老子在上述华北平原区域内长期生活过,鹿邑县、涡阳县均在其内。古幽州、古庆阳(今庆城县)一带,是周朝发源地,这些地方虽然不是老子出生地,但老子在这一带生活过,晚年向西回归周朝故地的可能性极大。结合以上推测,老子生地在周口市鹿邑县或亳州市涡阳县的可能性极大。老子一定出生在涡河沿岸。少年老子应到过西周西部及周边,中年多在西周东、中部及周边活动。西行后,老子赴西周西部庆阳市庆城区(周祖陵所在地)、延安地区(黄帝陵所在地)、陕西宝鸡(炎帝陵所在地)、甘肃定西地区及四川等地活动,也可能在其中年后期西赴现在的青海、新疆等地教化(化胡之说),晚年南下至古蜀国苴国巴国或苗越等地。从文化印迹看,当今甘肃清静自然之说与老子思想相融,四川(古蜀国所在地)、甘肃、陕西等地传播的顺自然生活且包容万象,以及"说个道道""人是恍惚的""难得""老子""格老子""地母儿""有啥子嘛"等文化特质,多地有老君山之称,此与老子思想文化的特质有暗合之处。

虽然老子生平不可详考,但是若干道教场所无不印证了老子思想的穿透力。作为中国道教重要发源地的四川省广元市剑阁县普安镇鹤鸣山,至今唐代颜真卿等真迹仍在险要的剑阁群峰中述说着历史与老子思想。作为中国道教另一个发源地的四川省成都市大邑县鹤鸣山,明代建筑群在成都平原上依旧展现雄姿,老子文化闪亮苍宇。亦被视为中国道教发源地的四川省成都市都江堰市青城山,至今保存完好的数十座道教宫观名标史册,遍及全国的历代天师们将老子思想带向世界各地。江西省鹰潭市龙虎山、湖北省十堰市武当山、陕西省渭南市华山、河南省郑州市嵩山、江苏省句容市茅山、四川省眉山市洪雅县瓦屋山等道教发源地或重要场所,在其诞生后一直传承着、传播着、弘扬着、光大着老子思想。以"道""德"为核心的中国优秀传统文化若东方珍宝一样珍贵无比。

虽然对老子的生活年代进行精准断代很难,但老子影响深远,《老子》思想光芒永远照耀在中华大地,照亮了茫茫宇际中的小小地球与璀璨宇际。

第三部分

老子思源何处？

老子思想的源泉在哪里？

老子同常人一样，其思想源于其生存、生活、生产的大时代，源于其亲历的社会实践，源于其阅思的经典简帛，源于其对现实未来的深度探索。

他在反思中求问，在熔炼中升华，在妙玄中观思，在静虚中无为。老子以为，一切源于自然、宇内万物本身，源于域内天、地、人、王，源于内、外、无、有、道、纪，源于宇域万类律规，他称之为"道"，这是老子思想的源泉。追求万物之宗，探寻治人之微，挖根事天之玄，穷极域内之"道"，此老子思想展开的动力。

经典与经典之间必有联系。经典传承必然存在。此处重点讨论《老子》这部经典思想可能源于哪些经典，抛以管见。老子思想主要受以下经典启发。一者是三皇五帝及夏商王朝和周王朝早期等王室经典,尤其是《黄帝四经》。二者是《易》等饱含哲学思想先哲经典。三者是《六韬》等军事之类兵事学说。四者是《金人铭》等训令教育学说。五者是周礼等礼义农耕学说。此处仅简述个别源头。

一、《老子》思想源于诗

在老子之前,民间诗歌以零散的形式广为传颂,老子不可能未入耳际。只是在老子时代之后,人们才将这些民间诗歌编辑成《诗》。这些民间诗歌对老子产生了较大的影响。其对老子的影响重在"德为""王事"等。如《关雎》,表为追慕爱情,里为思德求贤。《清庙》《维天之命》等表为颂歌,实为传承,重在宣德。《维天之命》颂"德之纯",何以为德? 何以为纯? 是否引起老子"上德不德是以有德、下德不失德是以无德"的思考?《维清》有"维清缉熙、文王之典"之句(引《诗经》之句,此文不予标明出处,下同)。缉熙为光明之意,维清是维度清明之意。"维清"是否分等级? 对人类社会维清,对自然宇宙是否维清? 上天若有"清","清"的程度有哪些?《南山》有"鲁道有荡"之句,《匪风》有"顾瞻周道,中心怛兮"之句。"鲁道""周道"(此处不证老子与周朝分封国时间的关系,周朝是否分封与老子是否到过相应地方采风没有直接关系)仅指"大道"吗? 显然不是。"鲁道""周道"是否为治人事天之道呢? 是否可以引申为"人道"?"人道"是否可以延伸为"天道"?"天道"是否可以延展为"人道""地道""天道"呢?"人道""地道""天道"是否可以统一到"道"呢?"道"从何处来? 对人来讲是"人道",人道源于人对"道"的先叛逆后坚守的那份高尚品质,即"德"。那么"天道"是否有"天德","地道"是否有"地德"? 难道老子未据此思考?

《泽陂》中"寤寐无为,涕泗滂沱""寤寐无为,辗转伏枕"等等,在此处本意为"朝思暮想难以入睡"。"无为",是否是在思想之后再观察微小的变化、观察之后再深度思考,其间隐而不发呢?"无为"是否持久而"常无为"呢?"常无为"是否可以引申为人之常无为? 人之常无为是否可以引申为天常无为、地常无为、人常无为、王常无为? 这些常无为是否可以引申为一切常无为? 常无为是否可以提炼为"常无"?"常无"是否可以引以为"无"?"无",是否可以与"有"相对? 故"常有"。有、无是否相生? 有、无是否同理? 这些完全可以点燃老子的思想火花。《扬之水》中"无信人之女""无信人之言,人实不信",是否就是老子"信言不美,美言不信"的源头?

《生民》"诞弥厥月,先生如达"句,是否是老子含厚德比于赤子句?

二、《老子》思想源于《易》

《易》博深弥发。《易》行于古之诸行业领域。《易》朴素辩证观，深刻影响老子思想。

"道可道非常道"，"道"是什么？"道"是否就是《易》中变化规律隐藏所指？是否也如《易》中所囊括的原理呢？

《易》很玄妙。《老子》"道"亦玄妙。两者是否同出一理？

"道冲"是否就是《易》中"卦爻"呢？"当其无，有车之用"是否就是《易》中"相对"概念的演化呢？

"是以圣人抱一为天下式"，"抱一"是否就是紧紧围绕《易》理而推算"天下式"呢？大邦小邦的转化论题，是否就是《易》中的"变化"过程呢？是否就同理于"一生二、二生三、三生万物"呢？诸如此类，无不反映《易》与《老子》之间的某种联系。

老子的终极思考方式与"物极必反"转化的思考方式无不与《易》中的太极、两仪、四象等转化思想类似。

《老子》反映出的其他很多思想或思维模式、方式与《易》中反映出的很多思想或思维模式、方式类似。此处不再枚举。

三、《老子》思想源于《六韬》

《六韬》中《文师》"德之所在,天下归之""凡人恶死而乐生,好德而归利,能生利者,道也,道之所在,天下归之",将"德""道"与"归心"联系起来,此处是否引起老子对"德""道"的深度思考?

在《六韬》中《盈虚》"天下熙熙,一盈一虚""削心约志,从事乎无为",是否引发老子"盈虚""无为"的思考?

《六韬》中"安徐而静,柔节先定;善与而不争,虚心平志,待物以正"是否就是老子"善与""不争""我好静民自正"的爆发点呢?

《六韬》中的《武韬》"大智不智,大谋不谋,大勇不勇,大利不利,利天下者,天下启之,害天下者天下闲之",是否乃"绝圣弃智"之来源?

四、《老子》思想源于《金人铭》

《金人铭》中"执雌持下,莫能与之争""人皆趋彼,我独守此""众人惑惑,我独不从""夫江河长百谷者,经其卑下也""天道无亲,常与善人",与《老子》中多处思想同出一辙。有学者认为,《老子》主要就是阐述《金人铭》的思想。

《庄子》《韩非子》《刘康公论鲁大夫俭与侈》等受老子的影响。孔子、庄子、韩非子、鬼谷子等大批著名学者和许多后继者，无不受老子思想的影响。后世帝王普遍以"德""道"治统、以"儒""法"治国。

五、《老子》思想源于《黄帝四经》

炎黄文化是中华优秀文化的重要发源。轩辕黄帝等数代人集体智慧与文化传承，必定会深深影响老子。根据陕西省黄陵县轩辕黄帝、炎黄文化研究会兰草注释《黄帝四经》记载的黄帝与力黑之间的言论，以及《黄帝四经》中《经法》之《道法》一节中的"道生法""道虚无形""万物之所从生""同出冥冥""见知之道，唯虚无有。虚无有，秋毫成之，必有形名""至正者静，至静者圣"，《黄帝四经》中《经法》之《国次》一节中的"天地之道，不过三功，功成而不止，身危又殃"，《黄帝四经》中《经法》之《君正》一节中的"国无盗贼，诈伪不生""兼爱无私，则亲民上""参之与天地，而兼复载而无私也，故王天下，王天下者之道，有天焉，有地焉，有人焉，三者参用之，国安而有天下矣"，以及《黄帝四经》中《道原经》等等，无不启迪老子思想。

总之，经典影响经典，先典启发新典，《老子》思想不是孤立的，而是与老子时代经典相关的。

分章解读

第一章　道与名

[古文]

道,可道,非常道①;名,可名,非常名②。

无③,名天地之始④,有⑤,名万物之母⑥。

故常无,欲以观其妙⑦;常有,欲以观其徼⑧。

此两者,同出而异名,同谓⑨之玄⑩。玄之又玄,众妙之门⑪。

[注释]

①道,可道,非常道:第一个道,是代词,是《老子》中研究的主要对象,老子研究对象自己也叫不出名字,勉强称之为道,其涵义在下文中专门阐述,主要指原理、法则、真理、规律、趋势、系统、本原、本质等总和。第二个道,是动词,指解说、表述、阐明、表达、崇

敬等意思,犹言"说得出""能表达"。第三个道是名词,是道理、本原,甚至道路之意。有学者认为"可"是原始社会的一个拜台形象,个别学者以古字意形解读《老子》。"常",马王堆汉墓帛书《老子》甲、乙本均作"恒"。有学者认为,"恒"更合理。

②名,可名,非常名:对于此句的释义争议很多。第一个名是代词,指道的形态指示或道各种称谓的总称。第二个名是动词,说明、表述等意思。第三个名是名词,是各种称谓。

③无:指道的本原。

④始:万事、万物、万类、万理、万态等的起始。

⑤有:指道的外形。

⑥母:万事、万物、万类、万理、万态等的根源。

⑦妙:有传本作"眇",微妙之意。

⑧徼:边际、边界。引申端倪之意。

⑨谓:称谓。此为"指称"或号令。

⑩玄:深黑色,玄妙深远的含义。本书指"有""无"通相一致时"道"的状态。

⑪门:一切奥妙变化的总门径。此用来比喻宇内与宇外、存在与思维的唯一原道的门径。

[译文]

"道",可显象,不是亘古不变的"常道";"名",可称谓,不是亘古不变的"常名"。

"无",是天地的发源;"有",是万物的开端。

所以,常以"无"态,洞察"道"之奥妙;常以"有"形,察观"道"的端倪。

"无""有"两者,同出一源而不同称谓,都玄妙深远。玄妙深远呀,一切奥妙的门径。

[说明]

关于断句。对于《老子》第一章的断句、释义,争议很多。不同断句有"道、可道,非常道""道可、道非、常道""无名,天地之始""有,名万物之母""故常无欲,以观其妙""常有欲,以观其徼"等。

关于"道""名"。"道"是《老子》哲学的一个最高范畴。"名"是《老子》哲学的一个过程称谓,也含号令之意。徼、妙、玄是《老子》哲学精神乐趣之归所。

关于逻辑关系。本章先讲"道""名"的定义,次讲"道""名"与天地万物的关系,再讲"常道"(常有、常无,即常以道显、常以道隐),最后讲老子对"道""名"的认识,即老子认为"道""名"是玄的。

[引思]

一、关于"道"

"道"是什么?"道"不仅是一种规律、一种趋势、一种体系、某类状态、某类变化、特殊形态、自然法象、一条路线、一个方向等，而且是囊括宇内、宇外、宇间的众多规律、所有体系、所有科学、所有原则、全部自然与法象、存在与趋势等的一切总和。你研究几种规律、观察几类现象、总结几大体系、预测几种趋势、探索几个理论、创新多种方式等等，这个过程就是你对某个"道"、某方面"道"、"道"中"道"、"道"间"道"等的研究或领会。以佛教为例，佛教各类分支，各分支均有自我理论体系与道理所在，每个分支均为各自之"道"，总体上都属于佛教之"道"，佛教体系就是佛教"大道"，佛教"大道"离不开佛祖甚至"无我"之佛，这便是佛之自我道理，即佛法所在。佛法亦属于"大道"之一种，除佛"道"之外，还有基督教等其他教派之"大道"，即该类教之"道"。

"道"仅是一种代理称呼吗？"道"是不能被简单表达的，如果"道"能够表达，"道"就不是永恒存在的"道"了，因此我们要用"道"这个词来代理它。它不是我们说的道理、路线，更不是通常所说的道路。

究竟有无"道"？若无"道"，许多规律、体系等却可以寻找；若有"道"，从极微观世界的分子杂乱无章的运动到极宏观宇宙本身的运动，却难觅其踪。老子倡导"道"。万类万物，万空万维，融"道"其间，归"道"其里。"道"或可被表达、被归纳、被提炼、被传播等，即使不这样，"道"仍然自我存在于万事、万物、万类、万理、万态等中,仍然掌制着宇的自身和宇内一切。

自然现象存在"道"吗?自然界各组成部分及其间,"道"内部的各种规律间,存在某种联系。表现最突出的是,自然现象之中处处存在"道"。有人从最后一片藤叶中悟出了人生道理,有人从一只飞舞的蝴蝶确立了"蝴蝶效应",有人从纷飞的蝴蝶群中幻化出蝶我角色互换之说,有人从掉下的苹果引出了万有引力定律……还有一年四季变化映射出地球围绕太阳转这一客观现象,宇内星球相撞引发邻近星球内部震动,若干数理之间存在某种关系,若干物质之间或物质内部存在一些规律……无不印证了"道"与自然存在关联。就连有上帝粒子之称的希格斯粒子,亦有其"道"。

"道"是否分层次?"道"或类为"无道""有道",或类为"大道""中道""小道""微道",或类为"道法""道用""道规""道象"等。它又是无边、无界、无限的。如果有了边界,那么它也就不是什么"道"了。

二、关于"名"

"名"是什么?"名"是"道"所包括的一切称谓之总和。"道"的存在、"道"的原因、"道"的理论体系、"道"的深刻内涵等称谓说法,都是"名"的内容。它可以被理解,被阐述,被伸张,被宣传,被弘大……它不是平时所说的名誉、名义、名声,更不是某一具体称谓、名称、名号、名字等。

"名"的过程如何?"名"的过程至关重要,即熟练掌握更多理论、技巧,理解更多的体系,丰富更多的内涵等。"格物"是一类"名"的过程。孔子悟出"人道",其弟子记之,始"名"《论语》并弘扬拓展为体系,后人传承,称"儒学"。文王依据《伏羲易》,解出国家大势和局势变化,化"名"为《周易》,结合夏至、冬至时刻变化及量变过程而演化出周易图。对未"名"之物、未"名"之事、未"名"之理,予以新的称谓,这也是"名"的过程。在"名"的过程中弘扬"名"的内涵。神农尝百草,始"名"《神农百草》。达尔文解百物,始"名"《物种起源》。再如,星系名称,要么以发现者命名,要么以科学家命名。诸如此类者,众。在不同历史条件下,"名"的内在、"名"的过程各不相同。条件越充足,科技越成熟,"名"的内涵更加丰富,"名"的外延更完备。以生产力为例,过去推动经济社会发展动力称为生产力,在中国式现代化背景下,推进新式现代文明发展动力,称为新质生产力。这不仅是概念变化,还是一场人类经济社会深刻的革命开端,一场现代文明伟大革新的起点。

"道"的本身是一种名。"名"的本身是一种"名"的过程。

三、关于"道""名"的层次

"道""名"之间有明确层次吗?从《老子》第一章可以看出,其层次是,"道"(道的总揽)—"常道"—"常无"—"无"(无道),"名"(名的总揽)—"常名"—"常有"—"有"(有名)。"有""无"相通或相玄。在"常有"中见到"无"的状态或不存在的作用,在"常无"中见到"有"的存在或存在的作用。"有""无"相通一致状态或存在,这就是"玄"。若升华"玄",就是"又玄"境界,或出神入化不见、胸有万丈画卷,最后归于"道""名"不可表述的"玄"态。为方便读者对有、无的理解,现以解题为例进行初浅说明。一道题,有A、B、C三种解法。甲掌握A种解法,乙掌握B种解法,丙掌握A、B解法且知出题目的却不知现实中C的解法,丁不知道该题的存在。但在实践中,丁却以C的形式解决了该题所要解决的目标问题。那么以C的形式解决问题对甲乙丙来讲,都是"无"的状态。实际上,A、B、C对甲、乙、丙都是"有"的状态。

"名""道"如何相成?"名"与"道"是相辅相成,缺一不可的。有"道"无"名","道"就永远自身存在那里而不被人类掌握、理解、应用等。有"名"无"道",就没有找到存在的体系、规律、趋势,对指导下一步工作毫无意义。"道"是虚空的、无形的、自然的,又是可感的、可知的、可穷究的。智者,知"道"究"道",可"名"事物、事件、体系、理论、法则、现象的来龙去脉,并据此判断其未来走向;能者,见之,自觉遵循"道"的方向,习"名"之;隐者,见其"道"而不言之或遇时遇知己而言之;平者,不见"道",只见"常道";他者,不见真"道",亦不见"常道"。

"名"有"无名""有名"之分,有"大名""名号""命名""名次"

"名份"等。

四、关于"无""有""名""玄"的逻辑

"无"是一切前端。"无",是一切的前端,也是天地的来源,此时是"无名""无道"的。如宇宙形成之前,宇宙之前是"无名"的。又如,冯·诺依曼在未提出计算机模型图之前,计算机系统理论是"无道"的,更不必说有计算机类的产物。飞机航母,在一战之前,也是"无"的。"电磁"在法拉弟之前,也是呈"无"的状态。总之,科学界,都是对"无"的探索;所有宗教,都是对"无"作出的解释;所有存在,都是"无"对应而成的产物,也是"有"的起点。

"有"是一切起点。"有",是一切的起点,也是万物的初成,或称为本原,可称为母体,此时是"有名""有道"的。如世界上第一个出现的什么什么事物,首现的什么什么理论,都是起点,此时就是"有名""无道"的源头。

"无""有"辩证统一。天地形成之前,自然之物中许多皆"有",程度各有不同,形态各有不同,均为基本的元素、成份、自身规律、某种状态等。或许老子借此说明任何事物的开端都是空无一物,如初生婴儿,画前白纸,人临异地,对世界认识一片空白,因而可以称为一切的开端。"无中生有",就是说"无"是一切的起点,"无"是极端重要的,"无"又是最高境界的。正因为"无"是起点、开端,知道的很多,又回到了新的起点和开端,懂得更多,解得更深,这种状态,可以称之为"上无",也就是武打小说中说的"无招胜有招","难得糊涂",也包含这一深刻道理。佛教中所谓的"无"字天书,或许就是这样。

"无",是"名"的起点,常常保持"无"的状态("常无"),倾向于观察"道"的奥妙,就可以领会"道"的精髓;"有"是"名"的端举,常常保持"有"的状态("常有"),倾向于观察"道"貌,就可以掌握"道"的走向。从"无"到"常无"("常无道")是一个微妙的过程,从"有"到"常有"("常有道")是一个积累的过程。

当"常无"与"常有"相通时,这就是意识形态内的崭新境界。这种崭新的境界,即是"上无""上有",也是起始于东汉的道教所称的"上清"状态。"上无""上有""上清",其实质相同,路径不一,境界不同,但根是一样的,这个根就是"玄"。"玄"进入更深层次,就是"又玄"。无论"玄"或"又玄",均是一切奥妙的门径,也是"名""道"之内涵、过程。

五、关于"德""道"一体互用的领悟

众人云,"德"为"道"之体,"道"为"德"之用。我以为"道""德"各一种。"德"其实是违"道"或逆"道"的一种形式。为什么"德"的过程是一种逆"道"呢?在叛逆中反思,在反思中解"道"并顺"道",尔后恪己不再逆"道",这就是德,也称为"道用"。识"道"者,以"德心"光大"道"。"道"光大了,"德"自然是"大德"所在。

"道"里有"德","德"里有"道","道""德"一体,"道""德"互用。无论是道教、佛教,还是基督教、伊斯兰教,学其先知、习其器识、历其磨难,原始而求其端原,反思而拓新体系,可得其"道""德"真悟、本原真谛。

第二章　无为与物道

[古文]

天下皆知美之为美,斯恶已①;皆知善之为善,斯不善已。故有无相生②,难易相成,长短相形③,高下相倾④,音声相和⑤,前后相随。

是以圣人处无为之事⑥,行不言之教。万物作⑦焉而弗始,生而弗有,为而弗恃⑧,功成而弗居。夫唯弗居,是以不去。

[注释]

①恶已:恶,指丑。已,通"矣"。

②有无相生:相,互相。无,是万物之始。有,是万物之母。有、无相生又相随。有无究根,同出而异名。

③形:比形,比较。王弼注本为"较"。帛书《老子》甲、乙本皆作"刑"。

④倾:倾靠。王弼注为"倾"。郭店楚简作"涅"。

⑤音声相和:乐器的音响和人的声音互相调和。《礼记·乐记》"声成文谓之音",意思是说,合奏出的乐音叫做"音",单一发出的音响叫作"声"。

⑥圣人处无为之事:圣人,《老子》所推崇的最高层次的典范

人物。在不同时代，"圣人"标准、内涵是不一样的。处，担当、担任。无为，顺应自然，任凭其作为而不加干涉。

⑦作：兴起、发生、创造。在兴起阶段而不加以干涉。

⑧恃：坚持个人意志、倾向、己能。郭店楚简作"志"。

[译文]

天下皆知美之所以为美，因有"丑"的衬托；皆知善之所以为善，因有"不善"的称谓。类此，有、无互相生成，难、易互相促就，长、短互为较量，高、下互为倾靠，音、声彼此应和，前、后彼此跟随。

因此，达到"道"的高境界之人以"无为"的方式去处理世事，以"不言"作为自然教导。万物兴起而不加干涉，（顺自然）发生而不持有，（顺自然）作为而不恃强，（顺自然）功成而不自居（不逆"道"）。正因不自居，所以永生（圣人永生，万物永生）。

[说明]

《老子》第二章，老子提出"无为"概念，影响十分深远。其朴素辩证思想、美善理念、"无为"方式、对立观点、换位思考、"不去"目标等，为本章精华内容。

帛书《老子》甲、乙本，在"前后相随"之后有"恒也"两字，郭店楚简无。

"生而弗有，为而弗恃，功成而弗居"，郭店楚简作"为而弗志也成而弗居"。

[引思]

何以"为美"

人类常常以什么作为衡量美丑的界限？美的标准是什么？丑的底线是什么？其实，这是人们自我认定的标准，因有美的标准，才会有对丑的判断。美、丑是相对的。在美丽的外衣下，可能有丑陋的内在，在丑陋的外相中，可能融有美丽的内在。动植物世界似乎告诉了我们这一道理。如，色彩明亮鲜艳的动物，一般是有警戒色的。这些色彩美吗？丑吗？对自然来说，除人类之外，美、丑与宇宙都是无关的。对人类和动植物世界来说，美、丑是趋利表象。老子由美、丑提出了深刻哲理，令人钦佩。

何以"为善"

善，对大千世界没有任何意义，但对人类社会影响深远。对人类，有人心善而行不善，有人心善且行善，有人心不善而故意行善，有人心不善且行不善。那么善的标准是什么？善的标准，在第二十七章里，老子作了部分解说，其释例为善行、善言、善数、善闭、善结、常善救人、常善救物诸类。我以为，一人之善，见其慎行也，心善行善乃一善也；善万事、善万物、善万理、善万治为乃一善也；持己小道，顺大道而为乃一善也；持大道，无为而为乃一善也。善，亦分若干等次。有上善，上善若水，说的是随和自然、顺应大势,随和如水能适应任何载体变化,又悄然促进载体改变而顺应"道"。顺应大势,先须善知大势而善为之。上善若水,若他人困之,助之也;他人乐之,乐之也;他人恶之,避之也;他人曲之,正之也;他人逆法理之,辨析之也(法理的标准,在于多数之利势)。针对人类社会,善中大善,最为重要。人类社会大善在于善治善为。善治善为,包括善治天下、善公物用、善判果断、利众群益万民。善治善为,即不断增强人民群众的获得感、幸福感、安全感,在高质量发展中不断实现人民对美好生活的向往。善治天下,实际上是善使天下有用之才、善配天下有用之物、善势天下大利之机、善公天下众界之理、善为天下常人弗能为。善公物用,实际上是善于使物公、善于使物尽其用、善于使物与人关联、善于以意识(主要是数控技术等智慧)驱动物质(设施设备)。于现代管理而言,善于以资产物用、善于人尽其才、善于增值利权、善于避免损失。于人类技术而言,善于将各类技术,含太空、水下、数字、原子、生物、网络、自动化、智能化等技术或设备设施与人类共同需求结合起来,长利人类,方为大善。大善,是相对的。希特勒,他能称之为大善吗?虽然他曾助人,有善举,虽然他引导德国民众开创了科技新领域、创新了战斗理论,曾经推进了德国经济、军事大发展,但是他与其狂热的追随者发动组织并猎杀了数百万民众,发动扩张战争,事实上他罪大恶极。老子所说的"善",主要在于"善技",如"善闭",说的是善于关闭的人不用门闩、思想纵横能任意掌控关枢。如鬼谷子,善于捭阖之术;鲁班,善于建设之能,均称"善"。

何以"有无"

什么是老子的"有"呢?什么又是老子的"无"呢?笔者以为老子所谓的"有",并非"拥有",而是指"存在的""现形的""知道的"等。老子所谓的"无",并非"没有",而是指"未见的""藏匿的""未形的"等。"有"与"无"是相对的。"无"的存在,是"有"的开始。"有"的存在,是"无"的末端。"有"与"无",是一个不可分割的整体。如现代物理学中的超声波,对人的耳朵来讲,是呈无的状态,对蝙蝠等来讲,是呈现有的状态。又如,由于科技与人类认知的变化,原来的"地心说",逐步发展到"日心说",到现代的银河系等若干星系。当时,对"地心说"的信仰者,"日心说""太阳系""银河系"是无的状态。根据目前科技水平测定,宇宙绝大部分物质是肉眼看不见的,这些物质对人类肉眼来讲是"无"的状态。

"有"与"无",在心理学中应用尤其广泛。如教授者让一群学生接受在黑屋中过独木桥的实验,第一次,教授没有让大家看到黑屋中桥下的鳄鱼,学生们自然通过了桥;第二次,教授打开较暗的灯,学生们看见了鳄鱼,都不敢信自己第一次过了桥,学生们第二次过桥时,几乎所有人都胆战心惊;第三次,教授打开更亮的灯,发现池上面还有一层防护网,过桥不再担心。此案例中鳄鱼的有与无和防护网的有与无,体现了"有"与"无""存在与消逝"的转化哲理。台上一分钟,台下十年功。其实,台上的"一分钟",是台下"十年功"的浓缩与剪影。台上之"有",实际视观众为"无",或称之为众"无",十年之"无",在平时演习心中被视为"有台",这也是古代戏班在台下无观众的情况下依旧演唱的原因之一。胸有成竹,也有如此道理。还有空中抓蛇等幻术,其实是将蛇之"有"化为常人眼中的"无",再展现为"有"的过程。杯弓蛇影,其实是将"无"幻为"有"的过程。"有"与"无",还有很多有趣的故事。如两患者,在不知情时互换了病历,重病者在药食调理中渐愈,轻病者却病情趋重。非洲等原始部落杀人幻术亦如此。以上例子,均存在"有"与"无"互换之道用。综合起来看,在一定条件下"无",是"有"的过程,"有",亦是"无"的过程;"有"可以生成"无","无"可以生成"有"。再以人间富贵论之,若你富甲天下,却以"有"据之,天下之人必相争而分崩离析,你必趋于"无";若你身无片瓦,却以"无"为之,天下之人共产勤劳而敬之,你必趋于"有"。延伸到企业集团,某企业某集团财富丰足,其精神废离或该企业该集团未倾富于众者,其体必废,财富不可长保;反之,其向心力强且精神富足,视财物为草芥,为国家出力或向众者倾富,方可大富长富。老子还将"有德""无德""有才""无才""死""不死"等,解为"有"与"无"。

何以"长短"

长短兼指长形、短形，有长处短处、技之高下、势长气短等。长短、高下，其实都各有所依，各有所用。如丈尺、米尺，各有所用。人有所长，必有短；城有所防，备坚韧；战必有攻，隙必取。长与短，在很多方面各有其意。如用人方面，会用人者，天下尽才，不会用人者，天下无才。为什么呢？原因是，会用人的，用其所长，而每个人都有长处，人人都是人才；不会用人的用其所短，而每个人都有短处，天下无才可用。再以"反串"文艺节目为例，为什么"反串"逗趣呢？原来，"反串"就是为了使观众看到演员出洋相的另一面，从而引发更大的娱乐效应。战国时期的孙膑，是把"反串"用到极至的智士。为什么这么说呢？这其中有一个故事。刚下山的孙膑准备到魏国谋职，魏王想为难孙膑。于是出题说，除武力外，谁能使我从现在的椅子上起来。有人说，火攻，魏王不同意；有人说，水攻，魏王也不同意；有人说，敌来，魏王不信。群臣无人再言。此时，魏王说，孙膑你有办法吗？孙膑说，我没有办法让您从椅子上起来，但如果您站在那里我则有办法让您坐到椅子上去。于是，魏王站起来。魏王说，我现在站在这里了，您有什么办法让我坐到椅子上去呀？此时，孙膑说，大王我不是已经让您从椅子上站起来了吗？顿时魏王方知是计，亦知孙膑有才。其实,孙膑以魏王在有利位置视为"短",不认其"长",魏王以为自己全胜为"长",不认其"短"。历史上很多以少胜多的战例,无不是以"短"制"长"。

何以"随和"

"随",是老子"为道"的一条重要原则。顺其自然、自然而然等,无不反映其"随"的原则。"随"什么?用今天的话来讲,随大局、随大势、随天性等。老子则认为,应随天地、随圣人、随自然、持大象、随大道。"和",是老子"为道"的另一条重要原则。"和其光、同其尘""和之至也""六亲不和"等,无不反映其"和"的原则。和合、随和、中和、和谐、和而不同,和合万物,包含了平衡与非平衡、聚合与融合、贯通与畅达等意。当然,虽"和"不"随"的也有例子。如著名哲学家苏格拉底,就是其中一位。辩论时,他开始随你却不和你,最后通过一步步分析,使辩论对方言论不攻自破,以致不和于贵族。最终贵族设法让其失去生命。其实,"随""和"状态是一种顺其自然的至高境界。

何以"不去"

老子按照美与恶、善与不善、有与无、难与易、长与短、高与下、音与声、前与后、处之无为与行之不言、万物相通等,言"道"不居,功名成就。以"有"视"无"之法促进原态的保持,即"不去"。《老子》通过美善等分析,重点反映"有"与"无"相互依存、相互序立、相互运行的道理,万事、万物、万类、万理、万态等,皆因"道"而绵延不绝,充分阐述了对立论、朴素辩证观,充分展现出"弗恃不居"等"不去"态度。因有"不去"精神,中华民族深受裨益。如海纳百川有容乃大、春风和气不露锋芒、涅而不缁陋室德馨等,这些是中华民族因"不去"精神而生生不息。因此,"道行"高者,常以不言之教而教之,以潜移默化而润之,以不居功成而为之,若春风化雨,润泽万物。笔者以为,"不去"论点是《老子》"一生二"之重要思源之一。

第三章　民治与物治

[古文]

不尚贤①，使民不争；不贵②难得之货，使民不为盗③；不见可欲④，使民心不乱。

是以圣人之治，虚其心⑤，实其腹；弱其志⑥，强其骨。常使民无知无欲⑦，使夫智者不敢⑧为也。

为无为⑨，则无不治。

[注释]

①尚贤：以贤为尚。此处"尚"通"上"。贤：有德行、有才能的人。

②贵：重视，珍贵。货：财物或东西，可延伸理解为财物、利益、名誉等。

③盗：窃取。

④不见可欲：见，通"现"，显露之义。可，由"夥"而来，"多"义。可欲，多欲之义。

⑤虚其心：虚，空灵。心：古人认为心主思维，此指思想。虚其心，使他们头脑处于空灵的虚无状态，没有逆道的欲望，从而使民众心境开阔而自然，意为民心纯洁。

⑥弱其志:弱,心志的柔韧。使民减弱"强为"志气,增强他们柔韧、平和态势,从而达到民内部、民与自然相互和谐的自然状态。

⑦无知无欲:没有伪诈的心智,没有争盗的欲念。

⑧敢:进取。

⑨为无为:第一个为,作为之义。无为,顺任自然的状态。按照事物本身态势("无为"),施以"为"。

[译文]

不以贤唯上,使民众(在自然状态下生产生活)不(为贤)相争;不显贵难得的财货(利益或荣誉),使民众不(因之)为盗;不显扬可欲(物、事),使民心不乱。

因此,"道"极高境界者治理政事,使民心空灵,使民生安康,使民志柔韧,使民骨强健。常使民不识"道"(不知"道"而自然顺"道")、更无逆"道"之欲(无逆"道"念头),使一些识"道"者不敢有逆"道"之为。

如此顺"道"自然,则无不顺"道"。

[说明]

《老子》第三章,重于述"治"。"民心不乱"状态下的"无为"善"治",是本章的核心思想。本章用意是如何实现"善治",老子提出"为无为"。什么是"为无为"? 至今争论不休。

"使民"，此涵盖有"民本"思想。"虚""实""弱""强"，存在相互支撑辩证关系。"不尚贤"，《老子》甲、乙本为"不上贤"。借此，笔者理解为，不以贤为上。"使民心不乱"，《老子》甲、乙本为"使民不乱"。"为无为"，《老子》甲、乙本为"弗为而已"，其中"弗为"通"无为"。

[引思]

"为无为"之由头

要谈"为无为"，先要说说什么是"无为"。老子所言无为，并非不为，是指顺"道"不逆道，让"道"自我运行而不加干预，在懂得"道"与"名"、处事行教的基础上，要德为、善为、和为、正为、奇为，勿妄为、欲为、噪为、末为（轻根本）、税为（变"进贡"为"征税"过程）。依"道"而为，顺势而为，天性而为，正者而为，信仁而为。一切做到极致，达到"无"的状态，达到宁静"无为"的至高境界，这就是"为无为"。"为无为"从何而来？《老子》在第一章抛出"道"与"名"，指出以"常无"悄察发展的大趋势，以"常有"静观事物的微小变化。为什么在第一章要抛出这些概念呢？原因是老子认为人类之万事万理、地之万物生长发展灭亡，宇内宇外，都离不开一个"道"字。万事、万物、万类、万理、万态等的来龙去脉或存在方式及细微变化，都离不开一个"名"字。"为无为"也只是"道"的一种手段而已，故"为无为"从"道"而来。"为无为"取决于什么？自然"天道"，取决于自然规律。社会"人道"，安定于治国方略。治国方略，主要决定于圣人之治。故而，"为无为"取决于天、地、圣人。天地乃自然现象，圣人"为无为"也得顺应天地"为无为"。对人类而言，圣人"为无为"特别重要。圣人如何"为无为"？老子给出了答案。首先，圣人积各类"小道"格各类"小名"，积累各类"大道"而格各类"大名"；其次，圣人治国，常从自身的处事、行教做起，《老子》第二章抛出"圣人"处事行教要义；次之，圣人做好表率，对治国有大用；再次，圣人须紧紧抓住人才培养（大匠或核心技术和国之大器等）、经济基础（资源经济总量与甘食美服便行及安居等）、民心向背（上民与先民等导向）等重要基石。《老子》第三章指出，圣人治国，须对人才、对物需、对民心、对民体进行"无为"疏导。

"为无为"之"使民"

关于"使民不争"。老子说，不唯贤德为高尚，导使老百姓不互相争夺。老子本意并非说不崇尚贤能，而是指出，要治理国家，首先应该育贤、有贤，使人人都是智者，使辈辈都出贤才，人人都是贤才，谁还尚贤呢？谁还把贤德之言作为圣旨呢？每个人都是贤才，每个人都能干出色，谁还致力竞相功名呢？那时，所有人既贤能，又四体能勤、五谷能分。以现今学历为例，正如本科生、研究生多了，谁还在乎初中、高中学历呢？然而，在清末民初的旧时代,有一个初中、高中学历,都是不简单的事情。关于"使民不盗"。不贵难得之货,导使老百姓不去偷窃,如果大家都拥有了,自然就不是难得之货了。如果大家都不觉得货物珍贵或名利高上,自然不会偷窃货物、欺世盗名。关于"使民不乱"。民不争、民不盗,最高境界是民心不乱。用"不显耀"的办法,遏制贪欲之念,促使民心不被迷乱。如志士不饮盗泉之水、廉者不受嗟来之食、不为五斗米折腰等成为普遍的价值观了,民心就真正不乱了。

"为无为"之作用

"为无为",是周王朝邦国思想背景下的独特思考。虽然老子觉得人才、经济基础、民心重要,但在周朝邦国时期,小邦大国为壮大自己力量,纷纷招揽贤才,用以治国安邦。当时社会上处处崇尚贤才,许多学派和学者提出尚贤主张,这原本是为国家之本着想。然而,在尚贤的旗号下,随着邦国竞争加剧,一些富有野心的人,竞相争权夺位,抢占钱财,一时间,民心紊乱,盗贼四起,社会处于动荡的局势,以致到西周末期、东周时代出现邦国争雄、诸侯争霸的战乱时代。针对社会上被人们所推崇的"尚贤"这一主张,老子应该是厌恶了你争我斗的世态,因而提出不尚贤,对"尚贤"引发的求物忘本进行批评。老子主张"不尚贤",不是其本意,其真正的本意是,防止民争而废、国乱而殃、心乱逆"道"。于是他设想了一种"无不治"的纳才、顺民、治国的办法,那就是"无欲"

"无为"的措施。"无欲""无为"的具体办法是什么呢？是让其排空虚心，安乐实有，止于欲望，强筋健魄，对智巧失去欲望，使人人回归纯洁自然、无知无欲的本性。圣人"无为"治国办事，顺应自然，国能治矣。

第四章　道冲与象先

[古文]

道冲①,而用之或不盈②。

渊③兮,似万物之宗④。

挫其锐⑤,解其纷⑥,和其光⑦,同其尘⑧。

湛⑨兮,似或存⑩。吾不知谁子,象帝之先。

[注释]

①冲:通"盅",器物虚空,喻空虚。"道体"虚而用无穷,此言道体之用。

②不盈:盈,满,引申为尽。"不盈"亦作"弗盈"。

③渊:深远。

④宗:起宗,祖先,起源。

⑤挫其锐:挫,消磨、折去之意。锐,通"兑",锐利、锋利之意。挫其锐,消磨掉它的锐气。

⑥解其纷:消解掉它的纠纷。

⑦和其光:与光融和。

⑧同其尘:把自己混同于尘俗。以上四个"其"字组合,说出了"道冲"的作用。

⑨湛：沉没，引申为"道"的隐约未形之意。"湛""沉"古代读音相同。此处用来形容"道"隐没于冥暗之中，不见形迹。

⑩似或存：似，似恍似惚。存，存在却看不见。与"湛"同理，形容"道"若无若存。参见第十四章"无状之状，无物之象，是谓惚恍"等句，理解其意。

[译文]

"道"虚空，因而有用之度或用之不竭。

玄渊呀，好似万物的宗源。

挫物锐，解事纷，和与光耀，似同尘融。

幽隐呀，似恍似惚或实在不见。我不知道它源于谁，"象"（"道"的能见之初态）起蒂之始。

[说明]

《老子》第四章，重点阐述了"道冲"。"道冲"是"道"的起源，若江河之源，流之不枯；若宇中之空，盛之不满。

"道冲"看不见、找不到、摸不透，只能感觉"象"起始的初始模样，比"象"更难琢磨。"道冲"，存在于万物之内、万事之中、万理之说、万空之间、未知世界。

[引思]

"道冲"要义

老子所谓"道冲"，即"道"者，"冲"也。"冲"，就是"道"这个东西是虚空的、无境界的、万物不可以填满的。有学者认为，"冲"就是"盅"，即盅器，内空，"道"就像盅器一样，内部是空的。现代道家认为，"冲"是虚灵的，虚灵至上清、太清、太虚的境界，再至"无"的境界。"道"内空无一切，什么都可以容纳。以佛教的"空"为例，六祖悟能曾作"菩提本非树，明镜亦非台，本来无一物，何处染尘埃"偈语，这就是一个"空"字。再以现代西方教育的"空"为例，为了让学生践习新知识、掌握新方法、领会新思想，在接受新知识新方法新思想之前，西方教育要求学生必须把自己的思想倒得一干二净，把自己所学知识清除得一干二净，这也是"空"的反映。只要填满了的，就不能叫"冲"。甲骨文"冲"字，左右两折若大水冲摇滚动，中间为形声"中"，意为上观天文，下察地理，中通人性，"中"一竖通三才，老子借意天大、地大、人（王）亦大来说明"道源"兼"道动"的重要性，老子称之为"道冲"。笔者认为，"道冲"是"道源"兼"道动"的一种别称。

"道冲"特点

"道冲"是虚空的，如渊一般，空虚无形，无象无体，视而不见，触而不着；"道冲"是灵动的，可以创制、可以育化、可以造就，因其如"冲"，它是万物之源头，万律之规宗，万灵之生母；"道冲"是无穷尽的，用之或不盈，既然是道冲，没有填满的可能，因而其功用无穷无尽，无边无界，永无止境。

"冲"若"象帝"

"道"无形无状,"冲"无形无状。"道",与光和同,与尘混杂,融和四周,无己无谓。"冲",常挫锋锐,隐藏自己,排解纷扰,且我无谓。隐没不见而又似实存的样子,这就是"象帝"之"道冲"。我如同老子一样,不知道它是谁或谁的后代,其实我知道它是"象"起蒂开端的样子,似存似无,似有似无,却又可以看出端倪,也可以称其为"道"之雏形。如果深入研究,细化分辨,察其究竟,穷追根源,或许我们可以找到"道"。这个"道",可能是一种新物质、新理论、新现象、新关系、新系统、新趋势、新运行、新道域等。这个"道",也可能是"大道"中的"一道""几道"罢了。以有机玻璃为例,有机玻璃是在什么情况下发现的? 是在几种装有化学品的瓶子被无意打碎后产生化学反应从而被实验人员分析发现的。又以电磁理论为例,电磁理论是在科学家穷追其现象的情况下发现的。再以时空可逆转为例,时空逆转是科学家根据光在四维空间下可以弯曲的新特征推演出来的。这些都是"道冲"的一种,好像万物都有一样规律之初态。

"道"的属性

老子从物质方面多次阐述了"道"的属性。在《老子》第一章中,老子称颂"道"虚不见形,但不是空无所有。横向而言,"道"是无限博大,用之不尽。纵向而谈,"道"是无限深远,难溯其宗。

"道"有起源性,它似自然万物的祖宗,又好似天帝(上帝)的祖先,"道"在天地产生之前,已经产生,万物据"道"而生。"道"有灵空性,"道"好似一只肚内空虚的容器,有其神秘性、不可触摸性,且有无限"道用"。"道"有开放性,老子认为"道"不拘常规,开放自由,道家人物自由放荡思想、无拘行为等,也无不印证"道"是开放的。"道"有启迪性,其既能揭示形象所蕴含的概括性、抽象性、外延性、内涵性,又能促使丰富的想象力自由发挥。

人间"道例"

"道例"最引人深思例子是:庄子作品深邃的哲理发挥和艺术想象力极度夸张。《庄子·德充符》写了好几个奇丑无比的得道之士,如断脚的叔山无趾,生着瘤子的瓮大瘿,弯腰驼背又没有嘴唇无脤的支离等。可这样的人,偏偏国君看其顺眼,男人们乐于相处,女人们甚至争着相嫁。究其缘由,就因为这些人悟"道"天然,形显而德美,内在的"道""德"之美胜过了外在的形体丑。《庄子》一书中,像这样用放荡的思维和古怪的事例来阐说道理的篇章,比比皆是。他说厉鬼与美人"道通为一",说中央之帝(也称为浑沌)被人为凿出"七窍"而丢了命,诸如此类,都体现出道例特征。这种超常规的思维方式,在魏晋时期的玄学上,也可以看到直接的承袭关系。玄学在残酷的政治高压下,以真对世俗礼教的束缚,主张人性的解放、服膺自然为其宗旨。竹林七贤的刘伶,佯狂纵酒,放荡形骸。一次,他饮酒大醉,脱衣裸形在屋里。有人因此而嘲笑他,刘伶却回答说:"我把天地当作房屋,房屋当作衣裤,你又为什么走到我的裤子中来呢?"这种看似怪诞的言行,却真实反映了清淡入世、顺为自然心态,反映了此类智者对"道"的特有解读。老子说:"人法天,天法道,道法自然。"道家思想主张人与自然关系的和谐,追求个人的生活方式、思想智慧、道德行为互相融汇,追求道、自然、天地互相契合的最高境界。刘伶的这种惊世骇俗的言行,正是对世俗和礼教的唾弃,正是把自己的肉体、精神融合到自然广大深厚怀抱里的一种实践。"越名教而任自然",这是魏晋名士的名言。对现实礼教的鄙弃,对自然天性的追求,使得思想放荡、性格不羁的他们,在世俗的眼中总是显得那么奇异怪诞、格格不入。那个临刑前还要弹奏一曲《广陵散》的嵇康,就是一个敢于怀疑和批判的思想放荡者。他竟然对一向被视为"凶逆"的管叔、蔡叔给予新评价,认为其"未为不贤",只是"不达圣权"而已。不仅如此,他还无法无天地"非汤武而薄周孔"。诸如此类,他都表现出一种独立不羁的人格精神,千载而后,仍让人不能不感叹敬佩。

"道"的反思

老子集中提出了"道"是宇宙的本原,而且先于天帝而存在;事物都是互相矛盾而存在的,并且处于变化发展之中等观点。此外,老子还提出了他自己对社会政治和人生处世的某些基本观点。这些学说处处蕴含智慧。老子阐述了"道"之"无"的形态,暗示了"道冲"之作用。这意味着,"道"是宇宙至高无上的主宰。侧面反映了五个观点,一是唯物的观点,二是生生不息的观点,三是"道"是系统的,四是"道"是造物的,五是"道"是盈虚却又是存在的。

第五章 仁虚与守中

[古文]

天地不仁①,以万物为刍狗②;圣人不仁③,以百姓为刍狗。

天地之间,其犹橐籥④乎！虚而不屈⑤,动而愈⑥出。

多言数穷⑦,不如守中⑧。

[注释]

①天地不仁:天地无所偏爱。此处意指天地按照自己的道运行,循道运行而不具任何感情色彩,天地之间的万物在天地间仅依循着自然法则运行着。

②以万物为刍狗:刍狗,用草扎成的狗。古代专用于祭祀之中,祭祀完毕,就把它扔掉或烧掉。比喻轻贱无用的东西。本书喻为天地对万物、圣人对百姓皆因不经意不留心而任其自长自消,自生自灭。正如元代吴澄所说:"刍狗,缚草为狗之形,祷雨所用也。既祷则弃之,无复有顾惜之意。天地无心于爱物,而任其自生自成;圣人无心于爱民,而任其自作自息,故以刍狗为喻。"

③圣人不仁:圣人无所偏爱。即圣人取法于天地自然而不加干涉,对人类万事、万物、万类、万理、万态等按照大道、大势取舍,按照事物本身的规律进行处事,并不在"仁"。河上公注:"圣人爱

养万民,不以仁恩,法天地,任自然。"笔者认为,天地、圣人及其他识"道"者,都按照自然法则、事物自身规律、事理自身逻辑、宇宙运行大势等等去适应、去处置、去应对。达到这种状态,或先小逆于"大道"而最终遵循"大道",这就是一种"德"。

④犹橐籥:犹,意为"如同""好象"。橐籥,古代冶炼时为炉火鼓风用的助燃器具,包括皮具袋囊和送风管,是古代的风箱。

⑤屈:竭,穷尽。严复说:"'屈'音掘,竭也。'虚而不屈',虚而不可竭也。"

⑥愈:通"俞",更加。

⑦多言数穷:亦为多闻数穷。老子认为,见多识广,政令烦苛,就破坏了天道。数,通"速",是加快的意思。穷,困穷,穷尽到头,无路可行。此为老子不提倡繁琐的政令,此针对周朝过多刑法礼节。

⑧守中:持守中虚。中,通"冲",即第四章中的"道冲"。此处与儒家的"中"不同,儒家的"中"是不走极端,有"中庸"之意。《老子》中的"中",是"道冲",有"道要""道的本性"之意。

[译文]

天地(主宰自然"大道"之核心)并不逆道(顺应万物"小道"之表形),万物"小道"似刍狗(自觉顺应自然"大道");圣人(主宰人类"大道"之核心)并不逆道(顺应百姓"小道"之弱群),百姓"小道"似刍狗(而自觉顺应人类"大道")。

天地之间,其犹如(皮具制造的)橐籥吗? 虚而不穷竭,动而更生出。

多言数证穷列("小道"),不如扼守("大道")要冲。

[说明]

《老子》第五章,重点阐述"道"的本性。"道"的本性没有所向、没有所爱、没有所仁。

"道"按照自己的本性运行,万事、万物、万类、万理、万态等有自己的"小道",亦受制于"大道"。持道的最好办法是"守中"。

天地运行,是"道"的一种展示,圣人之治,是"道"的另一种展示。

"多言数穷,不如守中"句,帛书《老子》甲、乙本为"多闻数穷,不若守于中"。

[引思]

"道"不仁,"道"自我行

老子说的"天地不仁",指宇宙万物,是无所谓仁爱。"道"只是按照自己的规律和原则运行,其内万物,如苍野草狗一般,无论天地之春秋寒暑,无论天地之风雨冰霜,如草人苍狗一般自生而自灭。这里的天地不仁,是指"道"无所谓爱憎德仁。"道"只是一种方式、载体或形态。笔者认为,此篇中的"万物",应指万事、万物、万类、万理、万态等。"道"有千百万种,"小道"的存在,犹如刍狗,有形无状,似无却存。"大道"的存在,似天地一般,囊括万物。天地不仁,以万物为刍狗。其实一个典型的事例,就是2008年5月12日汶川大地震,据官方报道,死者8万余人,这反映了大自然自我运行时,万物包括人类,都只是天地草芥,天地是不仁的。圣人不仁,以百姓为刍狗。一个典型的例子,就是第一次世界大战和第二次世界大战,当朝者不管百姓死活,发动了战争,百姓蝼蚁,自生自灭。

圣据"道"理,常握大"道"

圣人治理天下,其实也无所谓仁爱,只是把国家稳固、民心所向、自由无形作为目的,在治理国家过程中,百姓犹如苍草野狗一般,任其自生自灭,治理国家的"道"是不会改变的。圣人治理国家,是万种"大道"中的一种"大道"。百姓生活生产常态,是万种"小道"中的一种"小道"。无论是天地、万物,还是圣人、百姓,都是大道、小道之间的关系。无论"小道"以何种方式存在,最终"小道"都得顺其"大道",而"大道"并不关乎"小道"。"小道"是"大道"之沧海一粟、"大道"之森林一株。这好比太阳系自我运行规律"小道",离不开银河系运行之"大道",人类万事、万物、万类、万理、万态等运行规律之"小道"离不开太阳系运行之"大道",故而圣人长据"道"行,至圣常握大"道"。

常修"道"为，守"道"虚空

老子常思"道"，或许老子认为在各类"道"中，天与地之间的"道"是属于人类的，也是最常用最常见的"道"。天外有天、地下有间。亦或老子认为，天地之间，"道"最重要。天地之"道"如何？老子认为，天地之间，"道"如橐籥运行一般，虽然橐籥中的钥拉出来后，风箱内部是中空的，但它内部却充满力量，这个力量是中坚的，是无穷无尽的；如果风箱中的排橐开始运行，犹如开始释放力量，力量就会慢慢地展现出来。既然中空可以坚实，始出犹如释出，为什么不一直坚修其内？对圣人来说，口头上无聊议论，不如坚守虚静灵空，认真思考并不断充实自己。这与现代人常说的"空谈误国、实干兴邦"道理类似。

第六章　谷神与道存

[古文]

谷神①不死,是谓玄牝②。玄牝之门③,是谓天地根。绵绵④若存⑤,用之不勤⑥。

[注释]

①谷神:虚空变化的"道"。高亨说:谷神者,"道"之别名也。严复在《老子道德经评点》中说,"谷神"不是偏正结构,是联合结构。谷,形容"道"虚空博大,象山谷;神,形容"道"变化无穷,很神奇。陈鼓应《老子今译今注》中说:"'谷',形容虚空。'神',形容不测的变化。'不死',喻变化的不停竭。"有学者认为,"谷"读为"榖"。《尔雅·释言》"榖,生也。"《广雅·释诂》"榖,养也。"谷神者,生养之神。笔者认为,"谷神"是"道"存在的方式,或"道"的依附体;谷,空灵又好似有形;神,灵动又万象玄验;不死,永生还运转不息。谷神,空灵好似有形而灵动万象玄验的主宰之道。

②玄牝:玄,原义是深黑色,在《老子》书中是经常出现的重要概念。有深远、神秘、微妙难测的意思。牝,原义是雌性兽类动物,这里借喻具有无限造物能力的"道"。玄牝指玄妙之"道"的母源,意为孕育和生养出天地万物万类万理之"道"的地方。

③门：本意指雌性生殖器的产门。此处喻为造化天地、生育万物、产生万理、延伸万类的根源。

④绵绵：连绵不绝的样子。

⑤若存：若，如此，这样。若存，据宋代苏辙解释，是实际存在却无法看到的意思。

⑥勤，通"菫"，意为"尽"。

[译文]

（空灵好似有形而灵动万象玄验的）主宰之"道"永生，是所谓的玄妙母源；玄妙母源之门，是天地的根。绵弱似无但存，"道用"（却）不尽。

[说明]

《老子》第六章，讲"道"的形态。"道冲"依附于"谷神"。"玄牝"是"道"的起点，独具特点。

"道"，不知其名，勉强称之为"谷神"。只要"谷神"存在，万事、万物、万类、万理、万态等由此而生，且生生不息，勉强称之为"玄牝"。由此而生之处，就是玄牝之门，天地之根，也是各类"道"起源的地方。

[引思]

"根道"

"道"，好像橐籥一样，是那样的中空；又如同没有谷底也没有尽头一样的山谷,是那样的空灵,这样的空灵是神圣的,也是永恒的。这永恒的谷神,就是"道"所生产的根源,我们不妨称它为玄牝。这个玄牝或这个谷神的入口处,我们称之为玄牝之门,也就是产生天地之"道"的源头,我们称之为天地之根。这天地之根,隐隐约约,或明或暗,微微恍惚,好像真的就耸立在跟前。这天地之根,在那里自我运行,不受任何因素干扰,永不停息。信仰就是一类"道根"。此处简要说说信仰。有人说,中国人没有信仰,这其实是错误的。中国人不但有信仰,还有坚定的信仰。如,姓氏根系文化就是其中一种信仰,宗庙、家族、寻根、落叶归根、天人合一、孩子取名等,就是典型的姓氏文化。再如,道德仁义信仰,普遍崇敬宣扬以道德文化为核心的儒学等国学文化。千百年来,"万般皆下品,惟有读书高""书中自有黄金屋,书中自有颜如玉""精忠报国""士为知己者死,女为悦己者容"等是帝制时代中国人的坚定信仰。兴家尽责、报国为民、有国才有家等是现代中国人的坚定信仰。不同民族有不同信仰。中国属于多民族融合的大国,制定了社会主义核心价值观,即针对国家层面提出"富强、民主、文明、和谐",针对社会层面提出"自由、平等、公正、法治",针对个人层面提出"爱国、敬业、诚信、友善",总体上反映出在现代文明的基础上民主与自由的信仰,该信仰是人类未来发展的重要基础思想之一,也是一类"道根"。

"物源"

物有起源。老子在此章里，点明了"道"的最极端的起点，指出"道"存在于无穷尽似穷尽的地方。这种似存非存的情况或状态，其实在许多科学实验中也得到一些印证。如法国科学家贝尔纳德·库特瓦发现碘元素一样，开始他把海生植物晒干烧成灰，再用水浸渍，得到了当时称之为海藻盐汁或海藻苏打汁，后来称这种液体为含钠、钾、钙、镁等物质的卤化物、硫酸盐和碳酸盐混合物。为除去该液体中的硫化物，贝尔纳德·库特瓦在该液体中加入浓硫酸，一种神奇的现象发生了，当时产生了一种令人窒息的彩色气体。贝尔纳德·库特瓦认为，这应该是一种新物质。经过贝尔纳德·库特瓦无数次实验与全心努力，在科学家的帮助下，写出了《库特瓦先生从一种金属中发现的新物质》，经众多科学家进一步实验证实，这就是后来人们认识的"碘"。可以说，他们认识"碘"的过程，就是一个探索"物源"之"道"的例子。

"道拓"

笔者认为，老子所说的谷神不死，其实还指"道"是永恒存在的，"道"不但存在，而且按照自己原则、规律运行，其运行是无止境的。老子对"道"的认识，是根据当时条件下对大自然的有限认识、根据当时冷兵器时代条件下的治国理念提出的"道"，是有其局限性的，但也有巨大的延展性。此"道"给后人留下了巨大的认识空间，这是难能可贵的。正因"道"留下巨大空间，每个人认识的"道"是不一致的。正因为老子思想具有莫大包容性和很好的启发性、拓展性，所以老子思想是宏大的、深邃的。后人根据老子思想发展了"道教"、发展了善德、发展了"无为"，发展了以柔克刚、福祸相依、大辩若讷、大巧若拙、大器晚成等朴素辩证理论。现在，我们就应该以老子的思维方式去思考当今时代的万事、万物、万类、万理、万态。若是老子在当代，肯定会思考的更多。

第七章　长生与无私

[古文]

天长地久①。天地所以能长且久者,以其不自生②,故能长生③。

是以圣人后其身而身先④,外其身⑤而身存。非以其无私邪⑥?故能成其私⑦。

[注释]

①天长地久:长、久,均指时间长久。时间,只是人类相对概念。一天24小时,只是地球与太阳相对位置变化。世界上没有绝对时间。跳出宇宙之外看,时间是空间运动的绝对流动性的前后阶段。天长地久,是指在绝对时间,实现宇内、宇际、宇外、未知世界的永恒存在。

②以其不自生:指天地运作不为自己。以,因为。生,运作。

③长生:长久,永生。

④后其身而身先:把自身一切放在后面,把践行大道的事情放在前面。第一个身,自身,自己。第二个身,身体力行,践行大道之意。先:居先,此处是高居人(思)上之意。

⑤外其身:外,是方位名词作动词用,使动用法,这里是置之

度外之意。为践行大道,把自己置之度外,却获得真正身"存"
(永生)。

⑥邪:同"耶",助词,表示疑问的语气。

⑦成其私:成就他自身。

[译文]

天地长久。天地所以能长且久,是因为它不以自为生,所以
能长生。

所以得"道"至高者把身家财货置后而亲身践习"大道"置先,
把自己置之度外而真正永生。(永生)不正是因为他无"私"吗?反
而能成其(永生之)"私"。

[说明]

《老子》第七章,重点阐述了顺"大道"而略"小道",从而自然
实现"长""久""存"目标。天地注重"不自生",圣人注重"身先",
不刻意"长生""身存"。

[引思]

关于天地尊道

上天和大地,以及我们所生存的大自然环境,包括太阳、月
亮、星星,还有我们生存的平原山川,为什么能够永久地存在呢?
我们从生至死,上天和大地等等还仍然如旧运行而基本无改变
呢?这是因为天地时时遵循"大道"而行并作,它长久地存在着,

恒持地顺道生长，不自私、也不自利，因而他们能够永恒地存在。根据现有科学观察，大地随着地球存在而存在，人类眼内的"上天"随着太阳系运行而持续运行。此处所说的天，不仅指太阳系的天，还指银河系的天，甚至是宇宙万物之天，即古人所言"周天"。此处所说的地，不仅包括地球之地，还包括灵魂深处、思想根地。

关于圣人保全

圣人治理国家遵"道"而行。圣人效法天地，时时把"道义"放在最前面，在"道义"面前，替天行"道"，时时把自己摆在后面，结果自身反而能占据先的位置。遇到危险、困难，把自己放在最前面，并把自己置之度外，结果自身反得到保全。

关于长久之道

老子通过天地长久、圣人长久，阐述了"道"之长久的原则。就此而言，生、化、数、术、言（含记录传播等）、网（含沟通与信息等），是人类生存长久和提高生存质量的必备工具。真正长久之"道"者，无不顺应自然而然。那么如何顺应呢？自然的标准是什么呢？不同的人，对此领悟是不一样的。

关于无私身存

老子思想是大公无私的，其居大位、观大局、察大势，为众生而为之。圣人后其身而身先，外其身而身存。践行大"道"，万事无忧。范仲淹的"先天下之忧而忧,后天下之乐而乐"思想类似于老子这种关于无私身存的思想。这种思想,是敢于尝试、敢于突破、敢为天下先的,是虽死而后生的。这种思想,亦同孔子所言朝闻夕死、鲁迅所语朝花夕拾之理。虽身不存,"道"却永生。

第八章　上善与不争

[古文]

上善若水①。水善利万物而不争,处众人之所恶②,故几于道③。

居善地,心善渊④,与善仁⑤,言善信,政善治⑥,事善能,动善时⑦。

夫唯不争,故无尤⑧。

[注释]

①上善若水:上,最的意思。上善即最善。这里老子以水之善来阐明"圣人"是"道"的传承者,因为圣人的言行有类于水,而水德是近于"道"的。如由水而起的"水木清华",蕴含了水与木之间"道"、清灵与精华之间"道"、水润木秀与自我修为之间"道"、清朗秀丽景色与人生美好未来景象之间"道"等诸多深刻道理,又同挖掘事物本原,在追求本原中若朝阳沐浴青春年华。因水而起的"海纳百川",亦有此意。

②处众人之所恶:即居处于众人所认为的"恶"境。从老子之"道"角度看,此"恶"境可能正是"道"存之所在。

③几于道:几,接近。即接近于"道"。

④渊:沉静、深沉。

⑤与善仁:与,指与别人相交相接。善,指上善中的善。仁,指修养,为"道"的一种程度。

⑥政善治:为政善于治理国家,从而取得治绩。

⑦动善时:行为动作善于把握有利时机。

⑧尤:怨咎、过失、罪过。

[译文]

上善之"道"若水。水善利万物万类而不与万物万类相争,处在万物万类所认为的"恶"境或同融于万物万类而自我运行,故而最接近于"道"。

居处,善地;心容,善渊;相与,善仁;言辞,善信;政要,善治;事理,善能;动静,善时。

唯有不争,故而无忧。

[说明]

《老子》第八章,重点阐述了"善道""几于道"。

"善",是中国优秀文化重要道德源泉之一,是中国优秀文化的重要元素之一。《老子》第二章提出"皆知善之为善",再提出"善"的概念,反映了老子对"善"十分重视。

"上善若水",此句反映了古代先哲们从大自然悟出"道""德"的训示。老子从水、赤子、牝、橐籥、川谷之于江海中,从不同层面对"道"进行了阐述,始终把"道"放在最重要的位置。

"居善地,心善渊,与善仁,言善信,政善治,事善能,动善时"句,逻辑关系十分明确,境善、思善、行善、言善、治善、为善、机善,即内心善、言行善、治为善、择机善。总体来看,善什么? 老子认为,善"道"。

[引思]

关于善类

事有情分,善有多种。上善,亦称为极大善。极大善而不见其善,称为上善。上善之下,笔者以为有广善、大善、中善、下善、小善。伪善,无论大小均称不善。上善若水,即为上善,有润泽之亲,有普济之贤,有融浸之合,有导化育正之力,有安居顺和之谐,有利众百倍之功。上善的境界,像水一样滋利万物万类,自然化育而不争。上善的状态,包容万象而柔和,海纳百川而不拒。被抛弃的,它革旧纳新;被厌弃的,它仍然客观面对;被误识的,它理性判断。不固执己见,不因循守旧,不滞留不前,实际而随和,革新而传承,天性而自然,顺应而不妄,这就接近于"道"。

关于善为

居处善地,要善于选择,选择自然条件好,风水地势优,基础配套全的地方。心怀若深渊,学识要像深渊一样深透,思想要像深渊一样澄净,自我要像深渊一样清宁。常怀仁义之心,常为仁德之举,常与众人善意善行,常待人若至亲,博爱真诚。出口为言,言前必思,思而有维,维而有度,度而有诚,诚而有信。遵守诚信,落于实处。政善治,能修身示范而细密部署且辅文导正。治者,施以制衡之措。措,源于民,顺于民,使民共与,导民共兴,造福共福,最终达到共治状态,此善治也。治的最高境界,以治而大治,大治之下必大有,大有之下必小无,小无之下必小有,小有之下必至无,有了至无的状态,最终达到"无治"的最高境界。事善能,能者,有德有才有智者,其善时善机、善策善动,能为、能发、能聚、能导、能成、能驱,能予人,能和众。动善时,语动善时,言择时发;心动善时,随性而生;行动善时,机成而动。有底气动,底气来自自我,底气也可以来自他人或众生。自我主要表现的是信心。

关于善理

顺其自然为最大的善理。天有天理,天顺应宇宙之理、周天之理而行,这是天行善理。地有地理,地顺地球之理、自然之理而存,这是地行善理。人有人理,人顺应天地之理、心灵之理而生,这是人行善理。以领兵作战为例,善理十分重要。诸葛亮之著《将苑》有"善理者不师,善师者不陈,善陈者不战,善战者不败,善败者部亡"名句,指出了善理是战争追求"不战而屈人之兵"的最高指挥艺术。

关于水善

水善万物之中,水善生物最重要。在水与生物的关系中,水融入生物,现代科学已经证实,在自然界,生物体内均有水分子存在,至今尚未找到无水分子存在的生物。水滋养生物,生物离开水无法生存,至少在地球上的生物是这样的。水的状态有多种形态,在不同状态下顺自然而变化,但本质不变,顺道之水性不变。水善在万物之中,又善于融离外界而不离,这或许是水的中微子作用,中国的气功、针灸等,无不与此有关系。自然状态下的气态之水,浸润大地生物,液态之水,养育生物人类,固态之水,保存留用自然万物。河流山涧之水,顺自然之势而自我游走;塘池湖泊之水,顺形态之固而自我积渊静;大海洲洋之水,顺星球之动而自我潮汐。水之性者,大善也。

第九章 长保与天道

[古文]

持而盈之^①,不如其已^②。

揣而锐之^③,不可长保^④。

金玉满堂,莫之能守。

富贵而骄,自遗其咎^⑤。

功成^⑥身退^⑦,天之道^⑧也。

[注释]

①持而盈之:持,手执、手棒。持执盈满,自满自骄。

②不如其已:已,止。不如持"道"反思顺应。

③揣而锐之:揣,捶击的意思。锤击使它尖锐,此处有显露锋芒之意。

④长保:长久保持使"道"处于顺应自然的状态。

⑤咎:过失、灾祸。

⑥功成:功就名成。

⑦身退:不再身居其位,而应适时退下。"身退"不居功贪位,意指敛藏锋芒,引申为万物万类之各"道"隐藏起来而不对万物万类加以干涉。

⑧天之道："天道"。天"道"是天道、地道、王道、人道之中的一种，"道"包括以上所有"道"。

[译文]

持"道"而盈出，不如持"道"反思。

（不持"道"反思反而）揣磨而增其锐，（锐形之象必将受制而导致锐势）不可能长保。

金玉满堂，莫能守之。

富贵而骄，自遗其祸。

功成名遂（"道"成）则身退（藏"道"收敛），是"天道"法则呀。

[说明]

此章重点阐述"道"之自我平衡之理，并引申出"人道""天道"平衡之理。

持"道"平衡，不可过盈，不可过锐。过盈、过锐会失去"道"本身的意义。

"人道"是"天道"的一部分。金玉可有，不可贪，应多予众；富贵可造，不可骄，上须善下。要知"道"的进、退，要懂"道"的攻、守。

事物发展向好，必然有坏的因素存在，甚至在一定条件下向坏的方向或反面转化，否泰相参、祸福相位，老子朴素的辩证法思想在此亦得到体现。

[引思]

拥有,须时刻警醒

已经拥有了,须知足与不足,须知危与不危,须知亏与不亏,须知德与不德,须知道与不道,须知失与未失。想方设法,保持长久的"持盈"状态。"持盈"后,还想进一步充盈未尝不可。但是,要深知充盈后却有"失盈"的必然。如果"充盈"后仍然保持原有"持盈"的状态,就更理想了。如果"充盈"后,失去了原有"持盈"的状态,还不如保持原有"持盈"的状态。这是"道"的平衡在发挥重要作用。

锋芒,须处处守藏

既然达到锋利的状态,如果想更加锋利,必须磨砺。磨砺之下必有消损。不断锋利、不断磨砺,必定不能长久保存,不能长久保存必定会消失殆尽。如果一味没有锋利,那么也将一事无成。因而锋利之后,必须懂得锋利之下"存亡"的道理并坚守藏锋,否则不可长保。留有余地,万事不可太过。得寸进尺者、恃才傲物者、锋芒毕露者,诸事、诸类、诸人、诸物等等,无不为戒。历朝历代,露锋芒者多数难以善终。明代李贽点评《三国演义》中杨修事件时说:"凡有聪明而好露者,皆足以杀其身也"。

富贵,须常衡捐扶

富贵是所有人的愿望。富贵到了一定程度或某个极限,就须自我消化富贵以求最大的稳固。消化富贵最佳的办法是什么？一是利众。将多于均富状态下的财富适时适当散给大众，合理处置不让大众起抱怨而生恨，保持平衡状态。二是扶助。精准扶持，乐助善施。三是改创。创新办法，拓展融合，传承弘扬，扩基扶业。在改进中求进，在创制中励民。四是抛捐。抛离财而求才，捐财聚心，散财凝众。五是共富。激励互助共富，让大众富，让多数富，让贤能者富，让功勋者富。只有知晓富贵的消化进退道理，可长富，否则不可守也。金玉再多，须以正法而守之也。若不守，且骄扬，必生祸端，自生麻烦而不可长保也。虽然有人转移财富，但是祸端却难转移，由财富生出的情感难以转移，故而富贵须以衡的状态长久捐扶。某大房东，几十年未涨多位租客的租金，且以常人一般生活，这是大智慧的表现。

富强，须国民互藏

于国者，国富与民强是相辅相成的，民富国强也是相互依存的。国富而民不强，则兵不强，经不强，文不强，衰败是必然的。若想民强，须防科技垄断与工具或技术独持，须防技术资本、智慧资本等新型剥削，促进民众共有科技智慧设施设备或共建共享研究成果。民富而国不强，则心不强，柱不强，外不强，凌辱是必然的。若想国强，须夯基链条产群与内外衡治且民心集聚安居乐业，促进经实、城旺、技硬、商活、文兴、兵强。其中兵强是最后一张底牌,兵强则以道、天、地、将、法、大物、重器、密捷为要,分别对应师道名正、天道应时、地道顺利、兵团将帅、法策谋略、后勤物资、科学技术、秘密大捷。

第十章　玄德与道性

[古文]

载①营魄②抱一③,能无离乎?

专气④致柔,能如婴儿乎⑤?

涤除玄览⑥,能无疵乎?

爱民治国,能无知乎⑦?

天门开阖⑧,能为雌乎⑨?

明白四达,能无为乎⑩?

生之,畜之,生而不有,为而不恃,长而不宰,是谓玄德⑪。

[注释]

①载:载体,合体。与抱一对应。

②营魄:魂魄。《内观经》曰"动以营身之谓魂,静以镇形之谓魄。"《说文》曰"营,市居也。""魄,阴神也。"具体于人,魂魄之所为营,营魄,指身体和思想。

③抱一:合一。一,指"道""德"合一。"抱一",有学者认为魂魄合而为一、有学者认为身体与精神合一。笔者认为此处意指"道"的本原、"德"的载体合而为一。二者合一即合于"道"。

④专气:专,结聚之意。专气即集气。《管子·内业篇》曰"抟气

如神,万物备存。""专气"同"抟气",即精、气、神凝聚如注的样子。

⑤能如婴儿乎:能像婴儿之精充、气和、神驻一样吗?

⑥涤除玄览:涤,扫除、清除。玄览,即玄鉴,帛书《老子》为"玄蓝";玄,奥妙深邃。玄览,指人心灵深处明澈如镜、深邃灵妙。有学者认为,"蓝"字即古"鉴"字,"蓝"字像人张目以临水盆之上,后人不懂"蓝"字本义,改作"览"字。笔者认为,"蓝",有借鉴众长、包容众量、荟萃群英之意。

⑦能无知乎:知,通"智",指心智、心机。无知即"无智"。"无智"意指集中民智且顺应民"道",使民言、集民智、兴民业,博爱民众,国泰民安,从而实现治国理政的目标。

⑧天门开阖:天门,有多种解释。一说指耳目口鼻等人的感官,一说指兴衰治乱之根源,一说指自然之理,一说指人的心神出入即意念和感官的配合等。笔者认为,"天门"即"天道"之门,与《老子》第九章"天之道"同理。"开阖"指捭开、闭阖,意为动静、变化和运动。天门开阖,即"天道"之门在开、阖之际。

⑨能为雌乎:"为雌"即守静之意。"雌"宁静之意。笔者认为"为雌"即"道"的本原。能守住"道"的本原吗?

⑩明白四达,能无为乎:"四达"即"道"的各类本性或"道"的通达。有的《老子》版本将此处的"无为"作为"无知"进行解译。

⑪玄德:玄秘而深邃的德性。

[译文]

"道"魂、"德"形的载体合抱为"道",能（永久）不分离吗？

专注"道"的精华之气以致柔顺，能像婴儿般初态吗？

涤清（不合"道"的）除阶达到"道玄"的境界而览观，能没有瑕疵吗？

爱民治国，能"无智"而治吗？

"天道"之门在开、阖之际，能守住"道"的本原吗？

明白通达"道"的各类本性，能达到全部掌控"有为"而表现出"无为"状态吗？

顺道而生，修德而畜，生而不欲有，为而不仗恃，长而不形宰，这称为"玄德"。

[说明]

此章重点阐述如何保持"道"的本性。玄德本性，是保持"道"本性的途径。此章表象阐述修身、善性、为学、治国，实为如何行"道"。

《老子》认为，要真正遵循"道"，须抱一（"道""德"合体）、致柔（专注"道"气），保持玄妙、无为状态，须开阖为雌、明白无知，达到生而畜之、无恃不宰的玄德水准。

《老子》认为，精神和物质合体为一而不偏离，肉体与灵魂合体为一而不相离，就是"道""德"的高度统一。

《老子》认为,涤清杂念、摒除妄见,若临水照镜洗除污渍,才可能心境静定。懂得"无为"的真正含义,加深自我"道""德"修养、立公修心、明白四达、无恃开阖,才能爱民治国。

此章,是"道"与"德"关联的重要篇章之一。"道"是灵魂,"德"是载体。《老子》认为,最高"德",是保持"道"本原。

"为雌",有古本作"无雌"。本处引帛书《老子》乙本"为雌"。

"生之,畜之,生而不有,为而不恃,长而不宰,是谓玄德。"句,重见于《老子》第五十一章。有学者认为此句为错简重出,也有学者认为此句就圣人而言,文句相同,其对象不同。笔者认为,不管是否重意,这正印证了"道""德"之间的密切关系。

[引思]

关于灵魂之道

肉体是灵魂的家园,灵魂是肉体的主人。在自然界,人类是魂魄与肉体最完美的结合。这种完美结合达到一定高度时,能神清气爽,也就不在乎肉体与灵魂的本身了。人若深思至极,而三月不知肉味。无论怎么样,要始终抱定"道"的本原。"道"的本原就是万类万物万事自身规律、规则、原理等运作之各"道"的总和。笔者认为,灵魂是意识的一种特有表达形式,也是古人所言"精气神"的合体。肉体是物质的一种特殊存在。

关于专柔志气

专心或专注，是对精神领域内的"专"或"抟"。专气或"抟气"，人的健康如婴儿一样，呼吸自由，有深度，有活力，若同万物融合在一起，柔到至极，柔如初生，和谐刚强。抟气，表明气处于运行不息的状态。抟气致柔，能婴儿乎？抟气，老子指"道动"的样子。

关于玄蓝求原

剔除了不明白的，消除了模糊的，并一直不断反思、一直不断追问，达到"玄蓝"状态就好。通透源头，明白事理，装糊涂更加不容易。人若不断进取，主要途径就是不断反思、不断研究、不断质疑、不断追问、不断提炼、不断革新、不断探索、不断前行。消除了系列疑问，清了杂念异陈，在清化中自悟，在宁静中升华。自我修为，自我净化，自我提升，自我融入，自我德行，也就找到了玄蓝求真的原态。尤其如何克服浮躁且不断求知上进、如何保持静虚空谷且包容融解异议、如何达到大智"若无""如常"且如春雨润化般导引，这个过程是十分不容易的。做到了，就达到了"玄蓝"状态。

关于治民与民治

以道治民，是实现民自治的前期状态。实现民间公平、公正、透明、和谐，从而达到民主、民存、民生、民为、民明、民权的目标，民意畅达也就实现了。除科学、技术、模式、殊法外，个民与万众意志冲突时，一般地个民应顺应万众意志。要坚持个人观点，也要有坚持的理由。充分发挥民智，不断凝聚民力，使民自我治理、使民自我启化、使民为国献力，以无不为而无为的状态引导民众，从而实现"民自化"的目的。

关于天道运行

天地自律而运行。"天道"之门在开、阖之际，即"天道"在运行转化时，有天之开、天之闭，有地之明、地之暗。在这种"天道"转运之际，能守住"道"的本原吗？天开之际，天阳极，天行健，人善为，正能量呈现。天闭之，天阴极，天行律，人恶作，负能量兴浪。从人至众人，从众人至国家组织，从国家组织至天地自然，从天地自然至星系宇宙，若通晓透彻其"道"，还有哪些不知其"道"呢？还有哪些不能释解呢？

关于"生"态"玄德"

处于生的状态，就应该有生的作为。生的作为须不断地保持。生之畜之，此基石也。生的作为而不张狂，物壮则老，知而不知，长而不害，久而不灭，善而不被人知善，小善积累而成大善，这就是玄德的一部分。因而人要处于"生"的状态，达到"玄德"水准，就必须修身、专学、格物（实践）、治国（导引）、平天下（明白四达），最终达到"无知"的"大智若愚"的状态并归隐，不分雄雌等，以此言开。

第十一章　无有与道用

[古文]

三十辐①，共一毂②，当其无，有车之用③。

埏埴以为器④，当其无，有器之用。

凿户牖⑤以为室，当其无，有室之用。

故有之以为利，无之以为用⑥。

[注释]

①辐：辐条。辐，车轮中连接轴心和轮圈的器件。先秦车辆，辐件多用木条，车力多用马匹。

②毂：车轮中间凑辐贯辐轴部件。《说文解字》云"毂，辐所凑也。"六书曰"轮之正中为毂。空其中，轴所贯也，辐凑其外。"

③当其无，有车之用：有了车毂中空的地方，才有车的作用。无指毂的中空之处。

④埏埴以为器：揉合烧制粘土而成的器具。埏，抟制成形并烧结。笔者认为，"埏"为帛书中的"然"。"然"在甲骨文中，会意为在火上烤肉，犬闻肉香而来，这里意为烧烤"埴"而成器皿。埴，拉形的粘土或陶土，俗称拉坯。器，有中空的器物。

⑤户牖：门窗。

⑥有之以为利,无之以为用:"有"显示可见的"道"形,以"道"形为之获得"道"的利好,"无"显示难见的"道"象,以"道"象为之获得"道"的用处。"为之获得"中的"之",代表万事、万物、万类、万理、万态等。

[译文]

三十根辐条,同汇一毂,作为毂的"中空"(之无),有车(无)之用。

烧结成形陶土做成器皿,作为器的"中空"(之无),有器(无)之用。

开凿门窗构建房屋,作为室的"中空"(之无),有室(无)之用。

因此,"有""道"之形以"道"为利,"无""道"之象以"道"为用。

[说明]

此章重点阐述"无"的道用。当"道"以"有"的状态出现时,众人皆知"道"有"有"之利。当"道"以"无"的状态出现时,是否懂得"道"有"无"之用?"有"与"无"是"道"存在的不同形式。《老子》将物质上的"有""无"慢慢提炼为精神上的"有""无",即从具体到抽象、从感性认识升华为理性认识。此章是理解老子真谛的转折之篇。

在帛书《老子》中,"三十"为"卅","埏"为"然"。

[引思]

"有""无"同用

"有""无"相生，方成规矩。"有""无"相容，方知利弃。"有""无"相克，方容此彼。"有""无"相利，方生名道。常人可见的"无"，必然存在"有"的用处。由此，"有""无"同用得到理论上的升华。因而，我们看待世间万事、万物、万类、万理、万态，以"有""无"观点加以对待，或许我们的世界观将发生新变化。

"有""无"相成

"有""无"对万事、万物、万类、万理、万态，都是相辅相成的。虽然"有"呈"有"之利，但是"无"也有"无"之用。虽然"有"予人利益好处，但是"无"也发挥重要作用。没有"无"，"有"难以成形；没有"无"，"有"难以专用；没有"无"，"有"难以为利。因而，我们既要看到"有"，更要看到"无"。在人类的现实生活中，人们常常以肉眼看物、视物、待物，以亲耳听到的事或声音为"有"，以客观存在的物质为"有"，人们常常忽略了肉眼未见到的物为"有"、耳未听到的事实为"有"，也常常忽略了肉眼见到的物为"无"、耳听到的事实为"无"，故而历来犯下眼见为实、亲听为据的错误不乏其人。

"有""无"一体

"有"，可以利，"无"，可以用，"有""无"互不离。"无"中生

"有"，"有"中含"无"，小"无"既小"有"，多个小"无"既多个小"有"，多个小"有"生出多个大"有"，大"有"既大"无"。"无""有"一体也，"有""无"互存也。正因为"有""无"一体，老子在"道"部第一章就讲了"常有""常无"同出而异名。笔者认为，据此篇可以判定，第一章有争议的断句应为"无，名天地之始，有，名万物之母。故常无，欲以观其妙；常有，欲以观其徼"。由此，我们不得不认可老子"道"部第一章讲的"无""有""常无""常有"是同出一体而称谓不同罢了。

第十二章　彼此与扼要

[古文]

　　五色①,令人目盲②;五音③,令人耳聋④;五味⑤,令人口爽⑥;驰骋⑦畋猎⑧,令人心发狂⑨;难得之货,令人行妨⑩。

　　是以圣人为腹不为目⑪,故去彼取此⑫。

[注释]

　　①五色:指青、黄、赤、白、黑(泛指各种颜色)。

　　②目盲:喻眼花缭乱。

　　③五音:指宫、商、角、徵、羽。

　　④耳聋:听觉不灵敏。

　　⑤五味:指酸、甘、苦、辛、咸。

　　⑥口爽:味觉失灵。

　　⑦驰骋:纵横奔走,喻纵情放荡。

　　⑧畋猎:打猎获取动物。畋,打猎之意。

　　⑨心发狂:心放荡而不可制止。

　　⑩行妨:伤害操行。妨,妨害、伤害。

　　⑪为腹不为目:"腹"代表一种处于简朴宁静并坚守内心空灵却扼守要冲的自然状态,"目"代表一种巧伪多欲的表象,意为目

欲耳娱之意。为腹,即处"腹实"之厚地扼守"道冲"而作为。不为目,即不以"目"而为。

⑫去彼取此:剥开外形表象,直击内在实质。

[译文]

五色,令人眼花;五音,令人耳聋;五味,令人口爽;驰骋狩猎,令人心发狂;稀有物品,令人行为乖张。

由此圣人为"中空"静虚扼要而不以目欲耳娱而断为,故而圣人剥开外形表象直取内在实质。

[说明]

此章通过目盲与目远、耳聋与耳聪、口爽与捭阖(捭阖:战国纵横家方法之一。《鬼谷子·捭阖》:捭阖者,道之大化,说之变也。必豫审其变化)、心狂与静为、行妨与守要等现象,重点阐述"去彼取此""追求本原"的道理。老子认为,圣人常扼守道冲、去表求里。

[引思]

定心握势

眼睛,不被五彩迷茫,须遥望远方;耳朵,不被娱音充塞,须辨听风向;口舌,不被饮食爽味,须适控捭阖;心胸,不被猎狩放纵,须宽静明亮;手脚,不被奇货妨碍,须握势谋动。

眼睛要亮

在现实生活中，处处是五彩斑斓的世界，令人眼花缭乱。如何在缤纷的自然环境、复杂的社会环境中加以冷静地辨识分析，深刻认识每件事物的本质，使本性初心得到长久保持，做到目明而非目盲，需要我们内心修行、言语修德、举止修为。若金子一般，你不去认识，真正金子放在你眼前也不能识别。眼睛最难做的事情，是识人。世人识人，知难目盲、财货心茫、亲色神乱。颜回攫食，孔子曾感叹，所信者目也，而目犹不可信；所恃者心也，而心犹不足恃。

耳朵要聪

世界各类声音与乐器充斥耳膜，声有声的振幅，音有音的频率，乐有乐的曲调，若不加以分辨，如同耳聋。他人言语，若不加以细听并且深入分析回味，亦如耳聋。因听信谗言而误了国家大事的例子很多。一个典型史例是，春秋战国时期楚、吴两国均因谗言误国。楚平王因听信谗言错杀伍奢，伍奢之子伍子胥出逃助吴败楚后被掘墓鞭尸；吴国夫差因听信谗言逼伍子胥自杀，很快导致吴国被越国灭掉，夫差被杀。还有一个著名实验。1946年，美国加州监狱一名死刑犯被关进一间密室，蒙上双眼，用刀背划过手腕，并有意放出水滴声音，让死刑犯听到滴水声音就误以为是流血的声音。100天后，科学家们打开密室发现他已经死在了座椅上。

五味和道

世间万事、万物、万类、万理、万态,呈现不同的精神味道。苦中作乐,是人生反转的起点。悲中亦有微笑,那是对人生另一种哲学的态度。忆苦思甜,是奋斗的翻版。适当辛辣激发低落的情绪,适当藤麻去除多余的湿戾。百味以盐适当调和,更能体现生活味道。谈到五味,不得不说说厨师界的厨圣伊尹。厨圣伊尹是中国历史上著名的佐相。某日,有烹子献食朝上,王请伊尹论之。伊尹认为先要了解原料的自然性质,水居者腥,肉貜者臊,草食者膻,然后用甘、酸、苦、辛、咸五味调和之,经过烹饪之后的美食应该"久而不弊,熟而不烂,甘而不哝,酸而不酷,咸而不减,辛而不烈,淡而不薄,肥而不腻"。显然这是五味融合达到"五味和道"的很高境界的一个典型例子。道亦如此,从色、味、音、驰(驰骋)、奇(猎奇)之中体会道存在的百态形式与顺其道然的重要性。人若每三天吃够二十余种食物,此人必会五味自然中和,身体自然有了健康基础。

保持独特

摒弃外界物欲诱惑,保持内心安足清静,保守固有天性。现代文明高度发达,声色物欲充斥社会每个角落,如何保持正确人生观、社会观、世界观、价值观、道德观,需要我们在保持独特个性基础上,宁静内视,冷眼判世,春雨润生机,随性入社会,满眼展未来。

第十三章　惊患与贵爱

[古文]

宠辱①若惊,贵大患若身②。

何谓宠辱若惊? 宠为下③,得之若惊,失之若惊,是谓宠辱若惊。

何谓贵大患若身? 吾所以有大患者,为吾有身。及吾无身,吾有何患④?

故贵以身为天下,若可寄天下;爱以身为天下,若可托天下⑤。

[注释]

①宠辱:荣宠侮辱。

②贵大患若身:贵,珍重。重视大道好像重视大患一样。换句话说,对待处于低下姿态的大道就如同对待患重病的自我身体一样珍贵。

③宠为下:受宠处于低下姿态。

④吾所以有大患者,为吾有身。及吾无身,吾有何患:我有大患的原因,那是我身在其中。如果我没有身在其中,我又有什么大患呢?

⑤贵以身为天下,若可寄天下;爱以身为天下,若可托天下:

意为以贵身之道去为天下,才可以把天下托付给他;以爱身之道
去为天下,才可以把天下托付给他。

[译文]

得宠或受辱让人感到惊慌失措,珍重荣辱这样的大患如同珍
重自身生命。

什么是得宠和受辱都感到惊慌失措? 得宠处于下,得到宠爱
感到格外惊喜,失去宠爱则令人惊慌不安。

什么是珍重荣辱这样的大患如同珍重自身生命? 我之所以
有大患,那是我身在其中。如果我没有身在其中,我又有什么大
患呢?

因此,能够以贵身之道去为天下,才可以把天下寄付给他;以
爱身之道去爱天下,才可以把天下托付给他。

[说明]

此章重点从个人宠辱至博爱天下的角度阐述了道处"下"可
承载万事、万物、万类、万理、万态的普遍道理。

此篇处"下"的道理,与水处众人之所恶、如婴儿之未孩、生而
不有、为而不恃、天地不自生、大道以其终不自为大、大邦下流等
道理同出一辙。古代第一隐士许由将做天子视为受辱讲的很
明白。

[引思]

关于处下

道冲的要害在于处下。受宠、失宠、获荣、受辱,均若天际之云。若惊,犹如大患。有临深渊而初惧,有临绝壁而畏寒。贵于得、失于宠,贵于受宠时无身,失宠时有身,受辱时守身,誉荣时失身。视宠为下,得之惊喜应内省,失之惊惧应内强。时刻保持对荣观、圣人、高语、善行等的敬畏之心,是一种处下的表象。孔子不耻下问的例子,众人皆知。唐朝的娄师德待事处下,也是一个例子。据四川省广元市利州区皇泽寺武则天纪念馆对娄师德事迹的解说,武则天时期的宰相娄师德,仁厚宽恕、恭勤不怠。有一次娄师德的弟弟在作刺史期间向娄师德请教如何以忍耐的态度处事,其弟说:"如果有人朝我脸上吐口水,怎么办?"娄师德回答:"如果有人朝我脸上吐口水,擦掉唾沫会加剧对方的愤怒,正确的做法是让唾沫自行风干,用笑容来面对。"娄师德待事处下的故事,就是"唾面自干"成语的由来。

关于托付

有"有身"之自明,有"无身"之自明,可以让未宠受辱复以强大,可以让受宠拾荣敬而有加,身内身外也就没有外患内忧了。将己身置于天下众生之下,这样方能寄天下于其身。以天下爱身,将天下众生置于博爱之内,这样方可寄托天下于其身。刘备托孤的故事就是一个例证。诸葛亮以兴复汉室为己任。刘备在白帝城一病不起,召诸葛亮等人托孤。刘备对诸葛亮说:"如果你看阿斗是个当皇帝的料子,你就辅佐他,如果他不是个当皇帝的料子,你就自行取代吧。"诸葛亮哭着说:"我一定尽我所能去中兴大汉,为大汉竭智尽忠,直到死那一刻。"历史证明,诸葛亮为中兴大汉鞠躬尽瘁,死而后已。汉武帝托付的霍光,对"宠为下"落实得不到位。虽然其殚精竭虑、励精图治,大汉王朝在他手下延续盛世,但其权倾朝野、擅行废立,其家族又在他身后很快败亡。

关于博爱

爱自己是微小若基石,爱天下是博大若泰山。惜己之基石,在于坚守德行的独立人格;博爱之泰山,在于弘扬道德的风霜傲骨。宠辱若大患贵身,贵身为天下,爱身为天下,此博爱。

第十四章　惚恍与道纪

[古文]

视而不见,名曰"夷";听之不闻,名曰"希";搏之不得,名曰"微"①。此三者不可致诘②,故混而为一③。

其上不皦④,其下不昧⑤,绳绳⑥兮不可名,复归于无物⑦。是谓无状之状,无物之象,是谓"惚恍"⑧。迎之不见其首,随之不见其后。

执古之道,以御今之有⑨。能知古始⑩,是谓"道纪"⑪。

[注释]

①"夷""希""微":河上公注,"无色曰夷,无声曰希,无形曰微"。陈鼓应注,"这三个名词都是用来形容感官所不能把捉的'道'"。笔者认为,此三者是对常人"道"认识的惚恍状态描述,道在其中,圣人能够明白其理,但常人却觉得有那么一个"道"似乎在其中,但又说不清、讲不明、不可描述、不可言状,老子勉强用"夷""希""微""混而为一""惚恍"等来描述它。

②致诘:至言明达。诘,究问、明达。

③一:指"道"的原态。类似万物归宗中的"宗"之义。与"一生二、二生三、三生万物"的"一"同义。

④皦：光明。

⑤昧：阴暗。

⑥绳绳：若绳缠绕分理不清但却有自己的绳迹。形容纷纭不绝。如出土曾侯乙国君墓中若绳绕一般的东周金弹簧文物必有其用，但至今无人破解其用途之"道"。

⑦复归于无物：回归于"无"的状态。无物，意"无"的物状，即"道"的状态。

⑧惚恍：若有若无，闪烁不定。

⑨执古之道，以御今之有：执古之"道"的无形，以御治今之"道"的有形。"有"，意"道"的有形。许多学者将"有"注解为具体的事物，将该句译为，"把握早已存在的道，来驾驭现实存在的具体事物"。

⑩古始：前始、前因，即"道"始。

⑪道纪："道"的纲纪，即"道"的规律。

[译文]

视"道"不见，称名"夷"；听"道"不闻，称名"希"；捕"道"不得，称名"微"。这三者不可能达至辨明状态，所以"道"是混沌为"一"的。

其表不显明"道"的存在，其下晦藏着"道"的存在，"道"似绳纷缠不可名状，回归于"无物"状态。这种"无物"状态、"无物"轮廓，称为"惚恍"。迎着"道"，看不见"道"的端源，随着"道"，看不见"道"的后止。

执古之"道"，以御治今之"道"有形。能辨识"道"的前始，这就是"道"的纲纪。

[说明]

此章以"道"的"无"这个特点、"一"这个代称和"道纪"作用等重点阐述抽象的"道"。有学者认为，该篇描述重在"道体"。老子以"古之道"御今、"知古之始"反思追源的思想方法值得借鉴。

《老子》第六章和第八章，分别以具体的形象——谷神和善水比喻"道"的虚空和柔弱。本章以抽象的理解，来描述"道"的性质及运用"道"的规律。《老子》用经验世界的一些概念对"道"加以解释，然后又一一否定，反衬出"道"的深微奥秘。

学界对该篇"夷""希""微"及"一"有不同注解。

[引思]

视之"道"

目视、心视、道视、德视，这些都是视之"道"的内涵。目视无睹，那是无心去关注。心视无理，那是知识不足或未深思，没有看到事物蕴含的深刻道理。"道"视无端，那是格物不足，没有看到万事、万物、万类、万理、万态的渊源。"德"视无容，那是没有达到"真德"的境界。视之"道"达到一定阶段，看见事物可以讲清"道"渊源，明白"道"内涵，对未来趋势作出相应判断，即看清"道""德"。《老子》第59章云："治人事天莫若啬。夫唯啬，是谓早服。早服谓之重积德，重积德则无不克，无不克则莫知其极，莫知其极，可以有国。有国之母，可以长久。是谓深根固柢，长生久视之道。"久视之"道"，是一类视之"道"。欲穷千里目，更上一层楼，那是视的高度。视天下为己任，以百姓为家怀，那是视的宽度。眼观六路，心视八方，那是视的各道……

听之"道"

听的种类很多，有听而未听、听而失听、听而粗听、听而详听、听而联听、听而省听、听而用听。听到了却忽略，是听而未听；听到了却半言半弃，是听而失听；听到了却只懂表皮，是听而粗听；听到了并全部掌握，是听而详听；听到后不但掌握全部，而且连续追问与不断反思相关问题，是听而联听；用听到的本源或其"道"或其"德"，来省视自己与众生，是听而省听；在省听之上，不断实践、创造、拓新，是听而用听。为什么要听？古人早已作答。《周易·系辞上》记载："言行，君子之枢机，枢机，制动之主。枢机之发，荣辱之主也。言行，君子之所以动天地，可不慎乎。"善于倾听的典故很多。比如，唐太宗李世民就是一个善于倾听的君王。唐太宗手下的魏征等大臣，个个直言进谏。唐太宗每次都很耐心地听。有一次，他终于受不了，就跑到后宫向长孙皇后发牢骚。牢骚之后，面对朝堂大臣们的进谏，李世民依然耐心倾听，从善如流，由此开创了大唐盛世。

勤"格道"

格物，是中华民族的重要品行之一。《礼记·大学》云，"物格而后知至，知至而后意诚，意诚而后心正，心正而后身修，身修而后家齐，家齐而后国治，国治而后天下平"。格物、修身、立家（齐家）、治国、平天下，这是儒学思想内容。这一过程亦是"格道"的过程。格物、修身、立家、治国、平天下，综合起来，是对事物本身的一个实践过程。"格道"，不但要实践，还要对这一过程深入思考和提炼，经过积累，形成独有的体系、独特的理论、专有的道路、明确的制度、独立的学科等。借鉴以前或古代的方法思想，汲取其中的精华，剔除其中的糟粕，冷眼考察当今事物，判断事物未来趋势，以适应当下形势的新法，去介入、去组织、去引导、去行动、去治理等，这是"格道"的高级层次。如果把握早已存在的"道"，精悉事物本有的"德"，来驾驭现存的有，推演事物隐藏的"向"（导向、趋势、暗力等），这是"道纪"作用或"格道"另称，有学者亦称"道用"。

第十五章　善道与新成

[古文]

古之善为士者①，微妙玄通，深不可识。夫唯不可识，故强为之容②：

豫③兮，若冬涉川④；

犹⑤兮，若畏四邻⑥；

俨⑦兮，其若客⑧；

涣兮，若冰之将释⑨；

敦⑩兮，其若朴；

旷⑪兮，其若谷；

混⑫兮，其若浊；

孰能浊⑬以静之徐清？孰能安⑭以久动之徐生？

保此道者，不欲盈⑮。夫唯不盈，故能蔽而新成⑯。

[注释]

①士者："行道"之士。

②容：形容、描述。

③豫：豫，为野兽之名。豫兽，性好疑虑。凡人临事迟疑不决者，借以为喻。豫兮，喻意为迟疑慎重。

④涉川：战战兢兢、如临深渊。

⑤犹：犹为野兽之名。犹兽，性警觉。凡人后事而疑者，借以为喻。犹兮，形容警觉、戒备的样子。

⑥若畏四邻：形容不敢妄动。

⑦俨：形容端谨、庄严、恭敬的样子。

⑧客：宾客。

⑨若冰之将释：自然融释冰凌后悄然随和流动的样子。

⑩敦：敦厚老实的样子。

⑪旷：形容心胸开阔、旷达。

⑫混：形容浑厚纯朴的样子。混，同"浑"。

⑬浊：动态。

⑭安：静态。

⑮不欲盈：不求自满。盈，满。

⑯蔽而新成：去故更新的意思。蔽，弊的借字。

[译文]

古时善"道"之士，精微高妙、玄远通达，深刻到不可理识。正因为不可理识，所以勉强为它描述：

小心谨慎啊，似冬天涉越河川；

警觉戒备呀，似防备四维周邻；

恭敬庄严呀，似礼客正视；

随和自然呀,似冰凌融释;

淳朴纯厚呀,似原始朴木;

旷远豁达呀,似深山幽谷;

浑厚宽容呀,似混沌浊水;

谁能在混沌中处于静虚并慢慢澄清? 谁能在安静中悄然久动并慢慢新生?

维持这个"道"的,不求至盈。正因为不求至盈,所以能够蔽己不"道"而顺新达成。

[说明]

此章对"士"如何"行道"作了描述,重点阐述以"不盈"实现持久之"道"。"不盈"似"道"处下、不求满盈。

"行道"微妙玄通、清静不盈、能蔽新成。虽数余字,但博大精深,终身受用!

"为士者"中的"士"字,帛书《老子》乙本为"道"字,郭店《老子》楚简本为"士",王弼注本为"士"。笔者认为"士"更近古义。

"玄通",郭店楚简及帛书《老子》乙本均作"玄达"。

"客",王弼注本为"容"。郭店楚简、帛书《老子》均为"客"。笔者引为"客"字。

[引思]

微妙玄通

此四字为"行道"的要领诀窍。在微小方面,都能精细有备。能够时刻区分正能量与负能量,不断汲取正能量精华,不断抛离负能量糟粕。把不懂的,搞得很透彻,把很玄的,弄得很明白。在掌握基本情况、重要环节、某些关键的基础上,横联左右,纵观上下,协调各方,把握全局,立地于万众民生,着眼长远未来,承"道"顺生,以"德"为贵,以简文晓之,以众力搏之,此微妙玄通。以行政领域为例,能够成功的最大秘诀就是微妙,能够获取大利益的就是保持通的状态而达到玄的境界。

清静不盈

以清静保持内心空旷、以随和悄然消融蔽陈、以纯厚保持大智朴素、以泰然敬畏处事格物,始终保持内心"空"的如谷之虚、"静"的如渊之思、"清"的如水之纯、"朴"的如原木未雕琢。始终保持"低"或"下"不充盈的状态,谦虚而谨慎,空旷而豁然,广大而低就。清空自己,宁静思远,持续不盈。《老子》思想,从侧面看,最注重"量"的积累!《老子》思想,强化从此"质"变为彼"质"过程,须自然融合,悄然变化。《老子》注重"定量"中的"微量",反对"定性"!

能蔽新成

鲁迅先生的拿来主义，是能蔽新成的很好解释方式之一。在此，笔者再谈两个问题。第一，利用糟粕的问题。对于旧的精华要汲取，糟粕要利用。汲取精华，一般都能够做得到。首先，要汲取利用精华，这是肯定的。利用糟粕，就不容易做得到。为什么要利用糟粕呢？一是糟粕的前身或本原肯定不是糟粕。因而，要时常看事物发展历史。二是在老子眼里，世界上并没有什么糟粕。三是糟粕也有借鉴意义。至少是反面教材。第二，新成的问题。老子的"新成"包括新生之意。也就是说，万事、万物、万类、万理、万态都合于"道"。在合"道"过程中，能顺"道"而融入蔽、化为蔽、在蔽中破蔽，这是"新"的过程，最终实现"成"的目标，也顺"道"自然而新生。结合现实社会，"新"意味着创新、革新、立新、出新等。"成"意味着成长、成果、成就、成名、有成等。

第十六章　归根与不殆

[古文]

致虚极,守静笃①。

万物并作②,吾以观复③。

夫物芸芸④,各复归其根。归根⑤曰静⑥,是谓复命⑦,复命曰常⑧,知常曰明⑨。不知常,妄作凶。

知常容⑩,容乃公,公乃王⑪,王乃天⑫,天乃"道","道"乃久,没身不殆。

[注释]

①致虚极,守静笃:"虚"和"静"都是形容人的心境是空明宁静状态。虚,形容心灵空明的境况,喻内心放空,不带成见。致,使达到。极、笃,意为极度、顶点。

②作:生长、发展、活动。

③复:过往。

④芸芸:形容草木繁盛。意为纷杂、繁多。

⑤归根:归根,归于"道"的本原。根,"道"的本原。

⑥静:回至"道性"的状态。

⑦复命:复归本原。命,"道"的本性。

⑧常：指万事、万物、万类、万理、万态的运动变化有永恒规律，即"道"的恒有之态。

⑨明：万事、万物、万类、万理、万态的运动和变化都依循往复的律则，对于这种律则的认识和了解，叫做"明"。亦为对"道"的认识、理解、掌握、运用等。明明德中第一个"明"也是该意。

⑩容：宽容、包容。

⑪王："王道"周全。

⑫天："天道"自然。意为遵循"道"的自然状态。

[译文]

致"虚"极致，守"静"极笃。

万事万物万类并此生成，我以"静"观其往复。

万事万物万类繁众，各复归其本原。回归本原称为"静"，这所谓复归本性。复归本性就是保持"道"的常态。掌握"道"的常态就是"明"。不知"道"的常态，妄动轻作必然凶险。

知晓"道"的常态乃至容纳囊括，容纳囊括乃至"公"，"公"乃至"王道"周全，"王道"周全乃至顺应"天道"自然，顺应"天道"自然乃至合于"道"，合于"道"乃至持久永恒，终身不殆。

[说明]

此章重点阐述如何得到"道"的本原。得到"道"的本原过程，是致"虚"守"静"、观复归根、知常明"道"、有容至公的顺"道"自然之过程。

[引思]

致"虚"守"静"

"虚"是恒久的,"静"是深厚的。万物众貌,各归本源。始终保持内心空旷若大谷,容纳万物,格知万理,旁通万类,长久处于不满足而最终实现持盈的状态。始终保持"虚""静"若大漠一般,可达安稳泰然。无边草原,夜垂星河,长久处于相遥望而观往复思未来的至思状态。只有放空自己,才能容纳他物。只有静笃思驻,才能顺"道"有得。

观复归根

观往复,是借鉴过往经验的重要过程。没有观往复,就不能吸取经验教训,就难以顺着原有事、原有物、原有理、原来"道"继续传承和延续,就难以创拓新的局面和新的形势。归根,是对万事、万物、万类、万理、万态的一种求原过程,是一种精神追求的境界。归根,是中华优秀文化源头之一,落叶归根的美好德行,就是每位炎黄子孙的自觉,这也是中国人的一种永恒信仰。一个再强大的民族,若没有归根的思想,将十分危险。一个再小的民族,若坚持归根持原,将渐强繁荣。

知常明道

知常方可求原。识别万物之常律、提炼万理之原理、总结万类之大"道"，须先博学众知、文理兼学、器识专攻、学科精深，后触类旁通而通识数"道"，再回归普常。儒学之格物，为"明道"过程；道学之知常，亦为明"道"过程。

有容持公

"容"很重要，是否有"容"，关系万事、万物、万类、万理、万态的生长，关系宇内宇外万类的互联互融。有容乃大、有容长久、有容可期等，无不反映"容"的重要性。有容才能混沌，有容才能处下，有容才能囊括，有容才能接纳。正因为有"容"，万物以"容"为主，以"容"至公，以"公"为度。有"公"无所不包，无所不通，至无所不周也。

第十七章　道境与自然

[古文]

　　太上①,不知有之②;其次,亲而誉之;其次,畏之;其次,侮之。信不足焉,有不信焉。

　　悠兮③其贵言④。功成事遂,百姓皆谓"我自然⑤"。

[注释]

　　①太上:极至,超越本身。太,极。上,超越,至上。

　　②不知有之:不知有其存在。

　　③悠兮:得"道"悠然自在的样子。有本作"犹"。

　　④贵言:言贵。

　　⑤自然:本自如此。然,如此,这样。

[译文]

　　为"道"极至,鲜知有"道"的存在;其次,融合而称誉"道";其次,敬畏"道";其次,轻侮"道"。有信"道"不足的,有不信的。

　　悠坦呀其贵言。功成事就,百姓都说"我们自身原本如此"。

[说明]

　　此章重点阐述为"道"的不同层级境界。老子或许认为,悄然治理,可以使民顺应社会发展之"道",达到百姓自谓"我自然"的境界。

个别传本中，"不知有之"作"下知有之"。

[引思]

正统思维之简述

中华优秀文化的正统之学，多为食药之养、儒学之身、道学之心、法家之衣、墨家之技、兵家之事、谋家之利、易家之化。道学、儒学、易家、法家等，其本质实为一体。普遍以身心、思想、传承、宣教、现实、未来等内容为主，深度反映其经济社会人文思想，系统展现各"道"内涵。

东西方思想模式

西方，常注重个体、个量、数量、微单元、集成思维，先定量、后定性；东方，常注重集团、质量、性质、宏观、位移思维，先定性、后定量。如西方最早推行微分、积分、元素、解剖器官等学说，东方最早推行卦易、星象、天人合一、周身理气等学说。西方，往往倡导个人英雄主义；东方，往往倡导集体主义。如西方影视，多数以个人英雄主义为题材，东方多数以社会集体为题材。西方，擅长微观的、精细的、畅想的、系统逻辑的事物运作；东方，擅长宏观的、团体的、守制的、系统规模的事物运作。

作为东方思想代表的老子，其哲学的最高境界就是，遵循"道"自身规律，以处事治世为例，老子讲的是如何跳出万事万物万类本身而使万事、万物、万类、万理、万态本身不知或鲜知,如"朝菌不知晦朔,蟪蛄不知春秋"。就知识而言,跳出"大通"(古代称通六径为大通),即摆脱博大精深的"大通"体系,精熟多类知识与多个体系,觉察洞悉却以"无知"境界无声息般悄然导引。就国家治理而言,细析明察广大民群的各类情况,分门别类给予惠民引导,精准长久地予以介入,广大民众很少感觉到治理者的存在。还有种哲学思想的境界便是亲融一体,不分彼此,如河上雾起,大河与水雾亲为一体。如从群众中来、到群众中去,就是最典型的"亲"与"融"。人们常说的"强扭的瓜不甜",也有此理。"强扭"是因为还没等到瓜熟蒂落,又怎会甜呢?敬畏"道"的存在,还遵守它,就是"畏之"。孔子所提倡的仁义礼智信,就属于此境界。孔子的思想是敬畏万事、万物、万类、万理、万态之"道"的体现,因而他常用"畏之"而倡导唯上、唯经、唯书,应战战兢兢,应修身、齐家、治国、平天下,应克己、立志、格物、复礼、明明德。而在老子看来,宁可放下身段,以可以接受羞辱的状态,也要顺应万事、万物、万类、万理、万态的本身"自然"状态与自然的"道",还不停止教导、不停止介入,最终引导万事、万物、万类、万理、万态遵循其本身之"道",这是"为道"的"处下"。因此,"道"化万物是老子的原始思想。"道"化生万物而未曾治理万物。地理气候、察时制节、顺应自然而作息,这是一种顺应;万物自然而然生长,万物顺应休、养、生、息的态,并没有任何被其操控之感。

万类大势不可违

在现实中,一旦违背"大道",必然遭受惩罚;一旦合乎"大道",就会事半功倍。就统治者而言,想不受"大道"的惩罚,就必须顺应"大道"而治;施惠于民,民亲近并赞誉他,他不高高在上,民觉得他可亲可敬;声色俱厉,民怀畏惧,他不可一世,民积累仇恨;专横跋扈,民忍无可忍,他奴役辱骂,民揭竿抗政。如教育领域,中国古代教育,要通过层层考验或机缘,让学子自我修为、自我主攻,老师适当干预;对特殊的专业,老师到处周游去寻找弟子。在老子眼中,官府只是调节人民、使人民做事顺从自然"大道"的工具。《帝王世纪》记载帝尧之世,"天下太和,百姓无事,有五老人击壤于道,观者叹曰:大哉尧之德也! 老人曰:'日出而作,日入而息,凿井而饮,耕田而食。帝力于我何有哉?'"这就符合老子的思维模式。在万事、万物、万类、万理、万态之中,社会复杂,人性多样。在大乱、大变、大潮、大动的人类社会运动的时代,就会有这个特殊社会的特殊之道,如乱世用重典、乱世出英雄、大变有大潮、新奇有新生等。顺应特殊时代的特殊之"道",这是"大道"的本性。否则如胶柱鼓瑟、缘木求鱼。治国之"道",特殊时代用特殊政策,发展时代用发展政策,弱小时代用强势政策,强势时代用融导政策。

第十八章　大道与仁义

[古文]

"大道"废①,有仁义;

智慧②出,有大伪;

六亲③不和,有孝慈④;

国家昏乱,有忠臣。

[注释]

①"大道"废:"大道","道"之大,此处指人类社会规律。废,隐匿。

②智慧:智,智巧。慧,聪明、聪慧。

③六亲:父子、兄弟、夫妇。六种亲属,究竟指哪些亲属说法不一,较早的一种说法是指父、母、兄、弟、妻、子。泛指亲属。

④孝慈:孝,顺敬。慈,慈爱。

[译文]

"大道"隐匿,有仁义棱突;

智慧表现,有大伪盛行;

六亲不和,有孝慈彰显;

国家昏乱,有忠臣辨出。

[说明]

此章，其表阐述人世之"道"中的"仁义""道德""忠孝"，其里映射了"大道""大有"的关系。

郭店楚简《老子》原文为："古大道废，安有仁义。六亲不和，安有孝慈。邦家昏乱，[安]又正臣。"帛书《老子》原文为："故大道废，案有仁义。知（智）快（慧）出，案有大伪。六亲不和，案有畜（孝）兹（慈）。邦家昏乱，案有贞臣。"

[引思]

什么是"大道"

"大道"无疑是"道"中的一种。笔者认为，"大道"囊括大势、大局、大音、大盈、大直、大成、上德、玄德、太上等。在《老子》第三十四章中，有"万物归焉而不为主，可名为大"句。老子对"大道"的解释无疑最为可靠。"大道"本身是无形的，不自大的。格、局、动、静、势、制、虚、发，处处反映了"大道"的深刻哲学道理。"政大"与"物大"是人类社会中最重要的一类"大道"。鉴于政者为每部历史的代表者，物者为人类社会现实者。笔者在此说说"政大"与"物大"。"政大"，以人民为本，以民生为大，以民心为命，执政者日常言行如平民一般且不自大，使百姓认为不是政者引领社会发展而是顺势大局自然发展，方可称为政之"大"。"物大"，以特长为本，以特性为基，以顺应自然而为，不以物用或不以物用为标准，方可称为物之"大"。

"儒""释""道"

"道学""儒学"都是中华优秀文化的重要组成部分。"道学"衍生出孙子兵法、庄子学说、道教各派、明阳理论等。"儒学"被诸多当政者作为治国参策,其衍生繁多。"道学""儒学"大道之别在于,儒学主张"仁义""礼智""孝慈""忠信"等,是"大道废"之呈现,"道学"主张顺"道"自然而无为等是"大道存"之呈现。后世学者把"儒""释""道"放在一起,其实这是三类不同的思想境界。"儒学",是孔孟等提倡的,主要包括社会与个人均应讲仁、义、礼、智、信、恕、忠、孝、悌、勇、博等,是"儒学之道";"释学"或"佛学",是释迦牟尼、迦叶摩腾、竺法兰等提倡的"因、缘、果",是佛学之道;"道学",是各类"学道"的总和。"道学""儒学"是中国优秀传统文化重要组成部分;"释学""佛学"是印度释迦牟尼等印度文化与中国宗教文化、部分传统文化的结合体。"道学"早于"儒学","儒学"早于中国"释学""佛学",各成体系。

第十九章　朴素与私欲

[古文]

绝圣弃智①,民利百倍;

绝仁弃义,民复孝慈;

绝巧弃利②,盗贼无有。

此三者③以为文④,不足。

故令有所属⑤:见素抱朴⑥,少私寡欲⑦,绝学无忧。

[注释]

①弃智:弃,抛弃,弃以。智,思辨。

②绝巧弃利:巧,巧妙。利,货利。

③此三者:指智辨、巧利、伪虑。

④文:释文。文采,文饰。

⑤属:本性、归属、适从。

⑥见素抱朴:意指保持原有自然本色。素,没有染色的丝。朴,没有雕琢的木。素、朴,此处异字同义。

⑦少私寡欲:少,减少。私,藏私。寡,节制。

[译文]

谙熟"道"者,弃以智辨(而不"逆道"),民获("顺道"之)利百倍；

谙熟"仁"者，弃以义虑（而不"逆仁"），民归复孝慈（天性）；

谙熟"巧"妙者，弃以欲利（而不"逆素"），盗贼自然消失。

此三者若以文饰之，不足（就呈现了）。

因使"道势"有所归属：以"素"见己并持抱原朴，减少私藏并控制"逆道"之欲。

[说明]

此章以"三绝三弃"为引，以"令有所属"为目，重点阐述"道素""道朴"，即保持万事、万物、万类、万理、万态"朴素"之态。内容包括"道"使家朴、"道"使民朴、"道"使邦朴。邦朴是老子理想，与《老子》第八十章描述内容一致。

郭店楚简《老子》原文为："绝智弃辩，民利百倍。绝巧弃利，盗贼无有。绝伪弃虑，民复季（孝）子（慈）。三言以为辨不足，或命之或呼属。视索（素）保朴，少私须（寡）欲。"《老子》通行本为："绝圣弃智，民利百倍""绝仁弃义，民复孝慈"。

[引思]

论智圣

特别智慧的人，常观大势，慎思大局，常驻主流大道而无为，豁然大度，乐观正向，常融万里朝阳而同尘，藏万事万物，思万理万类，静存于万民之身，朴同于森林之木。不辩无关紧要的事情，不争暂时的利益权位。心智如万里碧空,大容而清晰,俯视而静安。人民群众顺应大势而无耗无争无损,智者、圣者都悄然因势利导而民意不觉知。真正的圣人,会有言行文章,不会自我吹嘘为圣人。倡导思想,不要倡导圣人;倡导实干,不要更多巧辩;倡导由智化物,放下更多的幻念;倡导智慧为民,摒弃更多的私欲。从古至今,智圣有很多,智圣既随和又有趣的不乏其人。东方文明中,汉朝东方朔算一个;西方文明中,爱因斯坦算一个。先说说汉武帝身边的名臣东方朔。据史载,汉武帝时期,时有物出,其状似麋。以闻,武帝往临视之。问左右群臣习事通经术者,莫能知。诏东方朔视之。朔曰:"臣知之,愿赐美酒粱饭大飧臣,臣乃言。"诏曰:"可。"已又曰:"某所有公田鱼池蒲苇数顷,陛下以赐臣,臣朔乃言。"诏曰:"可。"於是朔乃肯言,曰:"所谓驺牙者也。远方当来归义,而驺牙先见。其齿前后若一,齐等无牙,故谓之驺牙。"其后一岁所,匈奴混邪王果将十万众来降汉。以类麋之物预测未来且令汉武帝十分喜爱,东方朔把智慧与幽默结合地十分完美。再说说伟大的物理学家爱因斯坦。爱因斯坦每次外出讲课,他的司机都会坐在演讲厅的后排听课。一段时间之后,司机对这位著名的科学家说:"老板,你那个演讲我已经听了那么多次……我在睡梦中都能讲出来了。"有一次,爱因斯坦说:"下一次课,你代我讲吧。"到了下一次讲课,爱因斯坦果然和司机调换了位置,爱因斯坦穿着司机工作服,坐到了大厅的后排。司机完美地上完了这节课。下课之前,一位科学家听众提了一个具体的科学问题,这位"导师"脸不红心不跳地回答:"嗯,这个问题的答案非常简单,我让坐在后排的我的司机来回答吧。"爱因斯坦对智慧的态度令学者们十分敬佩。

论朴素

世间纷繁复杂,仅以文导,不足绝智,不足弃辩;仅以巧饰,不足显孝,不足彰慈;仅以粉装,不足绝巧,不足弃利。万事、万物、万类、万理、万态,均有其"道"。按照"道"的本性,保持万事、万物、万类、万理、万态的原本的样子,也就是保持"素"的内心本色,保持"朴"的状态,不停止对万事、万物、万类、万理、万态进行探索与追求,这就是"朴""素"。因见"素"抱"朴",人类少私、万物归根、万事简理、万类寡欲,天下各复其性,这是"道"的本性,用之不穷,道用无竭。我无为而民自化,我好静而民自正,我无事而民自富,我无欲而民自朴。"道"所言及的"朴"与"素",与现代意义的"朴素"是不一样的。现代意义的"朴素"重在穿着和内心。"道"言及的"朴素",重在本原,即原朴的状态。如,修复古建筑有一条原则是,修旧如旧。这种修旧如旧的思维,是一种保持原有初态的思想模式,也是"朴"的一种呈现。

第二十章 独道与无我

[古文]

[绝学无忧①]。唯与阿②,相去几何? 善之与恶③,相去若何? 人之所畏,不可不畏④。

荒兮,其未央哉⑤!

众人熙熙⑥,如享太牢⑦,如春登台⑧。

我⑨独泊⑩兮,其未兆⑪;沌沌兮,如婴儿之未孩⑫;儡儡兮⑬,若无所归⑭。

众人皆有余⑮,而我独若遗⑯。我愚人⑰之心也哉!

俗人昭昭⑱,我独昏昏⑲。

俗人察察⑳,我独闷闷㉑。

澹兮㉒其若海;飂兮㉓若无止。

众人皆有以㉔,而我独顽似鄙㉕。

我独异于人,而贵食母㉖。

[注释]

①绝学无忧:很多版本没有该句。至学无心忧。绝,至。意为学识丰富至极,最终达到"无学"状态。"绝学",接近"无学"。

②唯与阿:唯,恭敬地答应,古时晚辈回答长辈之声。阿,怠

慢地答应,古时长辈回答晚辈的声。"唯"的声音低,"阿"的声音高,是古代区别尊贵与卑贱的用语。

③善之与恶:善,此处解为"美"。恶,丑。此句意为美丑、善恶。

④畏:惧怕、畏惧。

⑤荒兮,其未央哉:空旷无边呀,其无穷尽!荒:空旷无边,意为广漠、遥远。未央:未尽、未完。

⑥熙熙:形容纵情奔欲、兴高采烈之状。熙,和乐。

⑦太牢:古人把准备宴席用的牛、羊、猪事先放在牢里养着。享太牢,意为参加丰盛的宴席。古代祭祀天地,以牛、羊、猪三牲俱备为太牢,以示尊崇之意。

⑧如春登台:好像春天登台眺望美景。

⑨我:《老子》以第一人称的方式,表达其精神意境。

⑩泊:淡泊,恬静。

⑪未兆:没有征兆,没有预行迹象。此处意为在淡泊宁静中保持道的原本而不为外界因素所动。

⑫未孩:有学者称"孩"与"咳"相同,即婴儿的笑;有学者称婴儿(刚出生的赤子)为未孩(还不能表达意愿的小孩)。未孩,与《老子》文中"赤子"有相同之意。意为万事、万物、万类、万理、万态原本的样子。

⑬傈傈:落落,磊磊。意为落落不群,无所依傍。

⑭归:归属。

⑮有余:感有满足。余,满足。

⑯遗:不足,丢失的感觉。

⑰愚人:淳朴、真直的状态。老子以"愚人"当作最高修养的生活境界。

⑱昭昭:光耀绚烂的样子

⑲昏昏:暗昧无形的样子。

⑳察察:严厉苛刻的样子。

㉑闷闷:淳闷实朴的样子。

㉒澹:澹泊,沉静。

㉓飂:高风,形容飘逸,无所系絷。

㉔有以:以,用。有以,有所施用。

㉕顽似鄙:形容愚陋、笨拙。

㉖贵食母:母用以比喻"道","道"是生育天地万物之母。此句意为贵于持守"道原"本性。

[译文]

至学无忧。

应喏和啊声,相差多少?美善和丑恶,相差多少?众人所畏惧的,不能不畏惧。

空旷无边呀,其无穷尽!

众人集聚和悦,如共享丰盛宴席,如春景登台眺望。

我独自淡泊宁静啊,没有预象;

浑沌纯无呀,如赤婴未孩;

落落不群呀,好像无所归属。

众人皆有收余,而我独似丢失。我若"愚人"心肠罢了。

世人光耀绚烂,我独暗昧无形的样子。

世人精明灵巧,我独淳闷实朴的样子。

淡泊沉静呀好像大海,飘逸的样子好像没有止境。

众人皆有所施为,而我愚顽似拙讷。

我唯独与他人不同,而重视持守道原本性。

[说明]

此章重点阐述我之独"道",即我按照"道"的本原时刻保持"无我"状态。我行道,我与"大道"同行,像"大道"一样隐藏自己于万众之中,像万物之"道"一样蕴含深刻哲理或规律且与万物化为一体。

很多版本无"沌沌兮""绝学无忧"句。部分版本由"美"代替"善之与恶"句。

"唯与阿,相去几何? 美之与恶,相去若何?"在帛书《老子》甲本中原文为:"唯与诃其相去几何? 美与恶其相去几何?"在帛书

《老子》乙本中原文为："唯与呵其相去几何？美与恶其相去何若?"

在郭店楚简《老子》本中，"绝学无忧"句，接在《老子》通行本第四十八章"为学日益，为道日损，损之或损，以至亡为也，亡为而亡不为"句之后，但与《老子》王弼注本、通行本同，故本章置于"唯与阿"句前。

[引思]

绝学

对"道"十分通融，却又达到愚钝的状态，此乃绝学。达到绝学状态之后，一切了然于胸，万事胸有成竹，却顺导民众，尔后无忧。然，人有限度，事有万象，类有千秋。要一切了然，须博识多闻，善思鉴取，览古知今，贯通中外，格物识器，渐至绝学境界。谈绝学的，历史上有很多。如理学创始人之一北宋大儒张载曾言："为天地立心，为生民立命，为往圣继绝学，为万世开太平。"再如明朝思想家王阳明一生为绝学，其曾在中秋时节作《月夜二首》。其一："万里中秋月正晴，四山云霭忽然生。须臾浊雾随风散，依旧青天此月明。肯信良知原不昧，从他外物岂能撄！老夫今夜狂歌发，化作钧天满太清。"其二："处处中秋此月明，不知何处亦群英？须怜绝学经千载，莫负男儿过一生！影响尚疑朱仲晦，支离羞作郑康成。铿然舍瑟秋风里，点也虽狂得我情。"其中"须怜绝学经千载,莫负男儿过一生!"是其为绝学存命的真实写照。

握道

万物出生、发展、灭亡等,均拥有自身规律;万事发生、格局、趋势、因果等,均遵循自身体系;万类生存、归属、架构、分合等,均顺应自身变化……诸如此类,均有其"道",其他人类未知、未识及宇外,亦有其"道"。欲解其物性,握其命脉,引其趋势,须握其"道"。达到"握道"水准,因对象而异。对于人类万事,辨识其性质微妙,弄清其规律趋势,掌握其运行火候,抓住其要害关键,就是"握道"。例如,鲁庄公十年春,齐国兵伐鲁国,鲁庄公与大臣曹刿带兵应战于长勺,在齐人三鼓之后,曹刿方才允许鲁庄公出兵,下视车辙后方才允许鲁兵追击齐师,此战鲁国击败齐师。随后鲁庄公问曹刿其因,曹刿对曰:"夫战,勇气也。一鼓作气,再而衰,三而竭。彼竭我盈,故克之。夫大国,难测也,惧有伏焉。吾视其辙乱,望其旗靡,故逐之。"曹刿握用兵之道,察用兵之常,为鲁国战胜齐国奠定了基础。

敬畏

若众人惶恐,须知惶恐的根源,引导众人脱离惶恐的状态;若众人畏惧,须慎思慎言而慎为,与民众共进退;若众人敬畏,须把敬畏的事由弄清,不盲目跟从。众人所戒忌的,也不可不警惕,不必特意去触犯!世人纵情声色货利,独我澹然淡泊敬畏,唯内心妙音常在,唯愚形无属无系,我唯敬畏"道"。器识万物之"物道",掌握万事之"事道",弄明万类之"类道",欲解未知之"无道",始终努力与"道"保持一致。与"道"保持一致,这才是真正的敬畏呀。跟随"道",理物、化物;跟随"道",理事、量事;跟随"道",别类、归类……最终使自己处于事中又事外、物中又物外、类中又类外,有形又无形,微妙而分寸,始终保持对"道"的敬畏。荒际无边呀,孑孑独行、茕茕而立呀,唯我自知、自顽、自愚、自无形呀! 从古到今,人们常常对天地自然、权钱名利表达敬畏之情,但老子却对自身示意敬畏,以致身同世尘。

同"道"

芸芸众生,自然奔放,如享太牢,如春登台,我的心灵与"道"始终保持同行。民众自然之乐,我在其中,我不去纷扰,我思想独立在洲头,我灵魂翔游于山际,好像一切如初,或浑然不知呀! 若赤子般保持纯洁甜美的初态,谁了解或与我同行呢? 无须任何依靠,也没有任何牵绊,也感知未来与前途的茫然,不以达到目的为目的,却也不惶不恐,自然而行。我同"道",若愚人一般,感觉什么都没有触觉知晓,一切都处于混沌的初态。安静时,若无所不容的湛深大海一样;开启时,若宽广无边的清爽高风一样呀!

独立

与众人比,我独异,"异"在时刻战战兢兢地保持"道"的本性。

与自己比，我独立，内心修炼德行和过硬本领，外形与众一致而达到愚人的状态。与圣人比，我独无，圣人脱遗万物，以"道"为宗，我保持宁静内空，"有""无"一样。我如婴儿般纯洁，如赤子般通透，如紫薇般无春，这就是"异"的独立。

第二十一章　惟道与道象

[古文]

孔①德②之容③，惟道是从。

"道"之为物，惟恍惟惚④。惚兮恍兮，其中有象⑤；恍兮惚兮，其中有物；窈兮冥兮⑥，其中有精⑦，其精甚真⑧，其中有信⑨。

自今及古⑩，其名不去，以阅众甫⑪。

吾何以知众甫之状哉？以此⑫。

[注释]

①孔：大。古代"孔"字是"子""乙"的合体。在"孔"字中，"子"是祈求得到子女，"乙"是随气候变化而迁徙的鸟，意为因由、因时而变得嘉美。

②德：保持逆"道"最轻的样子。可意为"道"的显象、"道冲"运行、"母"的外形。

③容：容态，形态，运作，此处意"道显"的样子。

④恍惚：恍，由物至思而"着道"的过程。惚，由思至物而成形的过程。

⑤象：此处意"道"的雏形，即"道"的原朴模样。

⑥窈兮冥兮：窈，深远，微不可见。冥，暗昧，幽冥，深不可测。

⑦精:最微小的运动原质。《庄子·秋水篇》:"夫精,小之微也。"此处意为精妙。

⑧甚真:甚是真觉。

⑨信:信实、信验,真实可信。

⑩自今及古:从今追溯到古代。

⑪众甫:普遍的本原。甫,通"父",古代对男子的美称,引伸为始原,本始,本原。

⑫以此:以"道"始,即从"道"起始。此,指"道"。

[译文]

孔德是"逆道"最轻呀,心惟"道性"之理而从。

以物论道,惟称"恍惚"。"恍惚"呀,其中有"道"的模样;"惚恍"呀,其中由"道"生思成物呀;深遂幽冥呀,其中有物成形的精妙。其精妙甚至真觉,其"道"有信之验。

从今追溯及远古,其名未去,以某"道"揽阅"众道"本原(普遍原理)。

我何以知道普遍本原的呢?从"道"起始。

[说明]

此章是论述"道""德"的转折篇章,这里以"物道"为例,重点阐述"惟道"历程。

"自今及古"《老子》通行本作"自古及今"。

"窃兮"，帛书《老子》甲本作"幽呵"。

"众甫"，帛书《老子》甲、乙本作"众父"。

《老子》认为，顺道、顺本性、顺自然，称孔德。笔者认为，最轻微的"逆道"称孔德。

[引思]

何谓孔德

《老子》所言孔德，无疑是指德中最高品位的德行，亦称大德、高德、通德。孔德的标准是什么？根据"通"字含义，至少通六经（晓一经称博，晓六经为通）。在此基础上思万事、格万物、识万类、辨万理，然后通道。《老子》认为，孔德的标准就是惟道。惟道是孔德唯一的标准。此篇，老子将"德"与"道"有机地融联于一体。

"道"与"德"有何关系

《老子》凡五千言，处处阐述了"德"与"道"的关系。有的章句是显性的，有的是隐性的，有的是直接的，有的是间接的。从《老子》整个篇章看，"德"为表，"道"为里；"德"为叶，"道"为根；"德"为体，"道"为魂；"德"为肉，"道"为骨；"德"为过程外形，"道"为根源本质。笔者认为，"德"是一个刻意保持"道"的过程，即不逆"道"。这种想方设法不"逆道"，其实也是一个"逆道"的过程。换句话讲，"德"是一个"逆道"的过程。从古至今，不抛开其名进行审视事物的本原，那是不可行的。为何我能感受万物的本原，能抱住"道"而持有"德"呢？是因为我"去名"而感受到了万事、万物、万类、万理、万态（甚至宇内、宇外）的本原并随着万事、万物、万类、万理、万态（甚至宇内、宇外）运行的本性及其波澜壮阔的历程，这就是持"道"，也就是保持"德"行呀。

物"道"恍惚

若从物中审视，物本身富集"道"，"道"在"物"中"恍惚"不清。看清了，不恍惚；未看清，不以为然；似看清了却不清，似不清，却隐约其中而"恍惚"；看破不说破且跳出局外并顺其自然，此乃"惟恍惟惚"。用当今的话来说，就是揣着明白而自然地糊涂。《老子》以"物道"为例，从"物"至"思"升华为"道"，又从"道"反"思"形成"物"。《老子》以"物道"再拓展到万物之"道"、万事之"道"、万类之"道"、万理之"道"、宇内之"道"、宇外之"道"、物质之"道"、意识之"道"、未知世界之"道"，最终升华为普遍的"道"。在事物发展中，看清大势，看到远方未来，读懂孕育的诗意，弄清蕴含的哲理，就是"象"。从此物能见之彼物，此理能推及彼理，这就是恍惚中的"物"。从微小中可以见其精神，从感觉中可以露出"灵透"，从远方可以感觉"气场"。在清微、深厚、浩正中，知其"信"。这个"惟恍惟惚"是根据"道"衍生出来的。切不可把"物道"视为"道"，毕竟"道"是先天地生。

第二十二章　抱一与不争

[古文]

曲则全,枉①则直,洼则盈,敝②则新,少则得,多则惑。

是以圣人抱一③为天下式④。不自见⑤,故明⑥;不自是,故彰;不自伐⑦,故有功;不自矜,故长⑧。

夫唯不争,故天下莫能与之争。古之所谓"曲则全"者,岂虚言哉? 诚全而归之。

[注释]

①枉:屈枉、弯曲,意与"直"相补。

②敝:敝陈、旧朽,意与"新"相补。

③抱一:抱,守。一,即"道冲"。意为执守"道冲"。

④式:法式,范式。

⑤见:同"现",此处意呈现或表象。

⑥明:彰显。

⑦伐:夸耀。

⑧长:长久。

[译文]

曲的本原,(反映)全(的貌象);枉的本原,(反映)直(的水平）；洼的本原，（反映）盈（的末态）；敝的本原，（反映）新（的作为）；少的本原，（反映）得（的素养）；多的本原，（反映）惑（的程度）。

所以圣人执守"道冲"为天下范式。（"抱一"）不自我显象，故而明达；不自以为是，故而彰显；不自我夸耀，故而有功；不自我矜持，故而长久。

唯有（"抱一"）不（与"道"）相争抗，所以天下没有谁能与之相争。古时所谓"曲则全"等言论，岂是空话呢？它诚全而归"道"本原。

[说明]

此章重点阐述"抱一"思想，这个"一"实为"道冲"。"则"，古意为刀子在鼎上刻画之意，古意多指规则、标准、规范，笔者认为，本文映射为"道"的本原或"道冲"关枢，与本文次句"抱一"相对应，与本文之末"诚全而归之"相呼应。故笔者将"则"译为"本原"。

"抱一"，帛书《老子》甲、乙本并作"执一"。

"不争"，是指处于"抱一"的状态，保持"顺道"，始终不与"道"相争甚至有抗"道"之为。

[引思]

关于《老子》的辩证思想

老子对曲与全、枉与直等进行大量论述，充分反映《老子》朴素辩证思想、互补反思体系。总体来讲,这种思想是正、负一体的,正能量与负能量是一体的。"曲"中有"直"的成分,"老"里孕育"新"的生命,"低洼"隐藏"容纳"含义等。通俗讲,此有所失、彼有所得。这种思想,在军事、政治、组织、群体、个人等方面,均有所体现。以中国经济社会发展与生态环境、职业健康、安全生产为例,在20世纪80年代,社会迅猛发展,经济水平虽得到一定程度的提高,生态环境、职业健康、安全生产却遭受一定程度的破坏。现代社会,讲究经济与生态环境和谐发展,讲究以人为本、数智融合、现代文明的科学发展,讲究"绿水青山就是金山银山""经济要发展,健康要上去""生命至上、健康至上、生态至上"的高质量中国式现代化发展方向,逐步把品牌链条、生态环境、职业健康、安全生产放在重要位置,经济社会才真正走向可持续的高质量现代化发展正常轨道。

关于"抱一"与"曲则全"

"抱一"也就是保持"道冲",即保持"道"的本性。"道"的本性是什么呢?"道"的本性就是保持万事、万物、万类、万理、万态宇内、宇外,甚至所有物质、所有意识、意识之外、物质之外的东西的自我发展、自我变化、自我规律、自我理性、自我趋势等等,这就是各种"一"。归纳起来各"道"所有,就是"道"的"一"。只要"抱一"了,按照"道"的本性,天下就没有任何他人、其他组织、其他事物、其他类别等等与之相争了。以人为例,如果"抱一",保持自己的事业或自我本性,任何人也不可能与他相争了。以太阳系所在宇宙为例,如果太阳系所在宇宙保持自我定力的"抱一",其他宇宙体系也不可与之相争了。笔者认为,保持"曲"的样式,可实现"全"的目标;保持"枉"的力度,可促成"直"的效果;保持"洼"的境界,可持续"盈"的进程;有"旧"的比较,"新"会呈现;有"少"的持久,"多"自然增长;有"多"的欲望,"惑"必然生成。现代"委曲求全"与古代"曲则全"不同。弦高犒师是"曲则全"的典型史例。据史载,郑国商人弦高在得知秦国军队即将袭击郑国的消息后,假扮成郑国使臣,带着二十头肥牛去慰问秦军,成功迷惑了秦军,使其撤退,郑国也作了充分准备,从而保全了郑国。

关于格局思维

格局对"道"十分重要。大格局可以识别"大道",小格局可以识别"小道"。以人类事业为例,格局决定事业。一个人的格局有多大,事业就可能有多大。有人对待事业精益求精,直到最终跳出事业,方悟出人生大道。有人始终在事业的圈子里跑来跳去,或由此事业跃至彼行业,终生忙碌,而最终白发往事难堪回首。有人总结了一句话:既要用力拉车,又要抬头看路。换句话说,认真抓本行,跳出本行看本行,跳出本地看本地,跳进那时看这时。总结起来,持"道"者,能曲,能枉,能处洼地,能利旧,能不惑,常内省,跳出格局而不内争。持"道"长久的,必成圣人。理解《老子》也是一样,既要跳进那个时代看待《老子》,又要把老子请进现代社会以老子的视角思考现代社会,这样才能深度理解或深刻领悟到老子的真正思想。

关于"明明德"与"孔德"

圣人"执道"守中,自然融于万事、万物、万类、万理、万态,不显于众,把自己的视野从"道"的本身之中跳出来,再审视,以至于明达四野八方,这是《老子》中的"孔德"。《大学》中的"大学之道,在明明德,在亲民,在止于至善"就是这个道理。《大学》的"明明德"适用于人类社会,便是孔孟主张的至善,大倡仁义。《老子》的"孔德"适用于万事、万物、万类、万理、万态等之中,主张顺自然"无为",任"大道"自我,"有"与"无"玄同。

第二十三章　道德与得失

[古文]

希言①自然。

故飘风②不终朝,骤雨③不终日,孰为此者? 天地。天地尚不能久,而况于人乎? 故从事于道者④,道者,同于道;德者同于德;失者,同于失⑤。同于德者,德亦乐得之;同于失者,失亦乐得之⑥。

信不足⑦焉,有不信焉。

[注释]

①希言:见《老子》第十四章"视之不见名曰希"。希言,意为通过睎未来角度来说说(睎为眺望之意)。统治者少施加政令、不扰民是"希言自然"的内容。

②飘风:大风,强风。飘风不终朝中的"朝",含天、日之意。

③骤雨:大雨,暴雨。

④从事于道者:即于"道"从事者,意为按"道"办事的人。统治者按"道"施政为其中一部分。

⑤失:远离,指"失道"或"失德"。

⑥之:"道"本性。指虽失者"离道"但"持道"本性。

⑦信不足:此处意为信"顺道自然"不足。

[译文]

以睎角度看待自然(的天性之"道")。

(因"天道"使)狂风刮不了整晨,骤雨下不了整天。谁使它这样的? 天地。天地尚不能持久,而何况人呢? 所以从事于"道"者,"道"者,融同于"道";德者刻意保持不"逆道";失者,在"顺道"上渐失"道性"。融于"道"者,"道"也融于他;随同"德"者,"道"也乐于包容小逆"道性"之为;渐失"道性"者,"道"也不悲于失者背离而有所得。

持信"顺道自然"不足的有呀,失信"顺道自然"的有呀。

[说明]

此章以"天地自然""人道自然""失道自然"为内容,重点阐述"顺道自然"的重要性。

郭店《老子》楚简无该章。

"同于德者,道亦德之;同于失者,道亦失之。"句,为帛书《老子》甲、乙书中原句。"信不足焉,有不信焉"在《老子》第十七章重复该句。帛书《老子》甲、乙本原文均无该句。该句在本章中意为信"自然"不足,故保留。

[引思]

关于希言

希言者,睎言也,即从内心的深处,遥望远方与未来,省视自己与当下。一方面自省，一方面望远，一方面至问根源，一方面反思自然。听而不闻谓之希，扪心自问也叫言。希言，就是以睎的视角省问自然。

关于自然

自然是"道思想"的重要来源。道法自然。自然不言，却引发人类大量思考。古人对河图洛书的思考，远远超出人类本身，导致东方人类创制出卦爻，后演化为《易》学，周朝时演化为《周易》，折射出人类古老的朴素辩证思想光芒。笔者认为，自然就是万事、万物、万类、万理、万态，涉及宇内所有物质，人类所有意识、宇外未知世界、宇内未知世界等自身本性及本来规律、原有根源等的总和。《老子》在该章中，以天地之内风雨为例，举证了万事、万物、万类、万理、万态及未知（以下简称"万和"），均须按照其原有本性发展而永生。

关于德失

按照"万和"本性、"万和"本原、"万和"规律、"万和"体系、"万和"理性等的，这才是"道"者，也才是同于"道"。"德"，就是顺应"万和"的程度。这种顺应程度越高，"德"就越高。这种顺应程度越低，"德"就越低。跟随程度达到"惟道"时，就是"孔德"。因而随同"道"的，就是"德"的呈现。"德"是"逆道"过程中刻意保持"道性"的过程。这个"者"，不一定是人。本书中的风雨就是这个

"者"。关于失，就是背离、远离"道性"，甚至连"德"也不要的，那就是"失"。

第二十四章 在道与不处

[古文]

企①者不立;跨②者不行;自见者不明;自是者不彰;自伐者无功;自矜者不长。

其在道也,曰:馀食赘行③。物或恶之。故有道者不处。

[注释]

①企:意为踮起脚跟,脚尖着地。

②跨:跃、越过,阔步而行。

③馀食赘行:意多占逾举。馀食,食余。赘行,逾举。

[译文]

踮脚者不能久立,跃越者不能远行,自现者反不彰显,自是者反不昭明,自耀者难建功勋,自大者难采众长。

这是"道"所然呀,称为"多占逾举"。万物都厌恶它,所以有"道"者不背"道"而驰。

[说明]

此章以违"道"为例重点阐述有"道"者不处,有"德"者不离"道"。

郭店楚简《老子》无该章。

《老子》本意中的"者"，不单指人，而是指万物甚至宇宙所有物质、万事甚至所有事件、万类甚至除意识之外所有未知等。

[引思]

关于"不处"

不自见、不自是、不自伐、不自矜等，均是"不处"的部分内涵。除了"处"的就是"不处"的。随时随地顺着万物甚至宇宙所有物质的自有本性特征、每时每刻按照万事甚至所有事件的本原趋势发展、无时无处不遵循万类甚至除意识之外所有未知的根源、规律、体系等，即顺"道"之"自然"，或"自然"顺"道"，这就是有"道"者之"处"。超出"处"的范畴，就是"不处"。概括起来，"不处"就是不背离万事、万物、万类、万理、万态的自我规律而行事。

关于"自明"

"道"的应用十分广泛。以人或人类为例，须要"自明"。一个人，沉迷在局内，而不知全局、更不知局外，那是"自见"的表现。作为人类，没有认清自我，盗以国家、民族、教派等名义作大量内部争斗甚至发动战争，没有放下资源、宗教、思想等之争，没有真正形成同一地球之上"命运共同体"意识，时常作无益纷争，白白消耗人类资源，这是"不见"的表现。一个人，融入民，采众长，为万民，不利私，紧紧围绕"人道"本身而顺应自然，才是真正有"道"者。即使是最原始的性欲、食饮、用度，人类也需要与动物区别而进行自由追逐爱慕、分劳产供配备、为众质效用度。换句话讲，就是为了广大人民群众利益，时常要有"道"的核心、跳出人的本身大局、着眼"自然"全局、顺应"自然"而利民的言行，不自见、不自是、不自伐、不自矜，最终实现人类、群体、组织、个体顺自然。人类，所有群体、所有组织、所有宗教派别等，只有抛开偏见与自我团体利益，团结起来，凝聚力量，创新科技，人机融合，发力冲刺，加速找到跳出太阳系、银河系的实际办法，在茫茫宇际中，以"新人类"方式，跳跃生存在宜居星球并代代传承，这是人类及其所有群体、组织、宗教、派别等的真正未来，是人类真正之"大道"，也才是"不自见""不自是"的表现。

关于"长久"

未以万民之傲为傲，未以忘我"修道"而"修道"，万事、万物、万类、万理、万态未顺应"大道"的趋势，均不可以长久。欲永生或长久，必须握"小道"，修"大道"，融万民，顺大势，创新地，审内外，重于格、局、动、势、利、预，导引大流、大众、大为、大善、大德，此长生与永久也。有"道"者，均适时择机、顺势而微妙于无形之中处万事、利万物，不做相反的事情。对人类来讲，无论哪类群体、哪类组织、哪类宗教、哪类派别等，如依靠各类形式欺骗、虐暴、强霸、抢夺、剥削等方式阻碍人类命运共同体，没有顺"道"前行，等待它的就是灭亡。以"新人类"方式跳跃生存在宜居星球并代代传承,这才是人类及所有群体、所有组织、所有宗教派别等的"长久"呈现方式。

第二十五章　独行与道法

[古文]

有物混成①,先天地生。寂兮寥兮②,独立而不改③,周行而不殆④,可以为天地母⑤。吾不知其名,字之曰:道⑥,强为之名曰:大⑦。大曰逝,逝曰远⑧,远曰反⑨。

故道大,天大,地大,人亦大⑩。域中⑪有四大,而王居其一焉。

人法地⑫,地法天,天法道,道法自然⑬。

[注释]

①有物混成:物,未形,此处指"道"。混成:混然而成,指浑朴的状态。

②寂兮寥兮:寂遥呀寥无呀。寂,寂静遥远。寥,孤寥空无。指"道"寂寥空无。

③独立而不改:独立不改其性。形容"道"的独立性、永恒性,它不靠任何外力而具有绝对性,自我性。

④周行而不殆:全周运行而不倦怠。周,全周天,全周期,无所不至,无时不全,因而此处解"全周"。殆,由倦变怠而止。

⑤天地母:天地,此处指万事、万物、万类、万理、万态及宇内所有物质、所有意识、所有未知及宇外未知,此处暂时译为万事、

万物、万类、万理、万态。母，指"道"，天地万物由"道"而产生，故称"母"，可理解为源头，起始。

⑥道：此处即《老子》所指能概括万事、万物、万类、万理、万态本原等的"道"。

⑦大：无所不包，没有边际。形容道无边无际的、力量无穷的状态。

⑧逝曰远：逝，流逝，周行不息，形容"道"的运行周流不息，永不停止的状态。远，极也。

⑨反：通"返"，意为回归本原，返至朴的状态达到自然境界。可以理解为相辅相成，即"道"亦"不道"，"不道"亦"道"，"道""不道"融为一体。

⑩人亦大：有的版本为"王亦大"。人，万物之灵，王，万众之首。意指人类之"道"。

⑪域中：宇中。指人类所居宇宙及其未诞生之前的域，还包括宇外未知一切的域。

⑫人法地：人之"道"遵循地之"道"，即人取法于地。法，遵循，取法，顺应自然之法而适应。

⑬道法自然："道"纯任自然，本来如此。

[译文]

有未形混然而成，先于天地存在。寂遥呀寥无呀，独立而不改其性，周行而不倦怠，可以称为万事、万物、万类、万理、万态的起始。我不知道它的名字，文字将它表达为"道"，勉强命名它为"大"。广大无边还运行不息，运行不息还伸展遥远，伸展遥远还返于"道"的初始。

所以说，道大、天大、地大、人也大。宇中有四大，而王"道"居其一呀。

人法于地，地法于天，天法于"道"，而"道"法于"自然"。

[说明]

此章阐述"道"的来历、"道"的地位。

郭店楚简《老子》甲组中的第二十五组。

有学者认为，"人亦大"为"王亦大"，"王居其一焉"为"人居其一焉"。笔者认为，人为万物之灵，"王"为万众之首；老子生活在周朝，周朝时期均称为周某王；帛书《老子》、郭店楚简《老子》均为"王"。该章由"人亦大"升华为"人法地"。

"独立不改"，郭店楚简《老子》为"蜀立不亥"。

"天地母"，郭店楚简《老子》、王弼注本《老子》为"天下母"。帛书《老子》为"天地母"。

"法"，不仅指效法，更不局限于法则。

[引思]

浅论"道"的产生

笔者在《老子》第一章对"道"作出深刻解读。此处对"道"的产生进行浅论。"道"是万事、万物、万类、万理、万态等产生之前就有。针对万事,事发而"道"融于事而生,因而有"事道";针对万物,物新而"道"与物同生,因而有"物道"。针对万类,类分而"道"与类同生,因而有"类道";针对未知,未知有自身特性与规律,因而有未知的"道"。《老子》不知"道"如何提炼,如何称谓,用"道"字进行表达,勉强称为"大"。其实"道""大"等,以及《老子》中的"一"等,均不能完全表达《老子》所描述的这种"道"的思想或"道"的全貌。"道",自本自性且永生永存。

浅论"道"的地位

《老子》认为,域中有四大,即王大、地大、天大、道大。针对人类社会,万众之首的"王"无疑最大。人类社会生存于大地,顺应自然之法的人"道","大"不过包括人类的天地之天大之"道"、地大之"道"。天"道"很大、地"道"很大,但天地隶属于宇,天"道"、地"道"也是顺应宇之大"道"。宇"道"很大,但其自身特点规律和"道"的本性本原不能改变,这种本原归于自然。人之"道"、地之"道"、天之"道"、宇之"道",无不顺任自然。人"道"、地"道"、天"道"……其他所有"道",归纳起来,都离不开普遍的"道"。这种普遍的"道"，无所不及、无所不包、无所不至，独立周行不止，这就是《老子》所说的"道"，因而"道"最大。"道"的本性"自然"，因此道法"自然"。"德"就是刻意促"道"顺其"自然"的表象。

浅论"物先"

虽然《老子》认为，起初先有"道"，但是老子仍以物起论，阐明其朴素的物先观念。老子认为，物为世界、天地、宇宙、宇外的支点。先天地生，大局之下融含小局，大概率包含小概率。以物质世界为例，先有宇宙，次有宇宙运行秩序，再有日、月、星、地的行运秩序，这种秩序是寂寥的行序，其自我持性，其独立不改，其周行不殆。

浅论"人大、地大、天大、道大"

何以"道"大？"道"先天地而自存，"道"先存；"道"为天下之母，无所不在其内，无所不归其律，无所不由其生，"道"自律；"道"母仪天下，"道"周行不倦，故"道"大。何以天大？日、月、星、系、云、气均在天，人类万物万事均在宇内，天外有天，星系外有星系，星系间有中天，星系、星团之外有大天，都可以被称为天，还有内心，也可以被称为天，故天大。何以地大？地球上的人，其生死均于地，地生万物以养人，立足之地必须有，无地不能安身立命，地大物博，基础的、立足的、起始的等等，都可以称之为地，故地大。何以人大、王大？人为万物之灵，王为民众之首，宇宙之内，地球之上,因有人而活力增、文化存、思作在、新不断,王在其中,故人大、王大。人类一切,无不最终顺应大地,适生在大地;大地无不融入天空星际,随着天宇星际而一同自我适应;天宇星系云气无不顺应或按照"道"而存在;"道"无不保持自己格律法则持序运行。

浅论"求源"

树有根,水有源,山有起,人有灵。继续追问,包括日月星辰在内的"天",其根源是什么?老子不断反思、不断追问、不断求源、不断论证,终究拿出一个"道"来承载其思想。这种求源的思维方式,值得借鉴。

第二十六章 人道与王道

[古文]

重为轻根，静为躁君①。

是以圣人②终日行不离辎重③，虽有荣观④，燕处⑤超然。奈何万乘之主⑥而以身轻天下⑦？

轻则失本⑧，躁则失君。

[注释]

①躁君：躁，躁动。君：主宰。

②圣人：指持"道"深厚者。圣人常深居简出，以"无为"化民。

③辎重：军中载运器械、粮食的车辆，或因箱包行李载于辎车而称为辎重，意指倡导践行"道义"时的行囊。

④荣观：贵族游玩的地方，指华丽的生活。意为华丽生活、旖旎胜景等。

⑤燕处：若燕子乐驻居处。意安居之地，泰然处之。燕处超然，有离尘脱俗之意。

⑥万乘之主：乘指车子的数量。"万乘"指拥有兵车万辆的大国。万乘：周制，天子地方千里，兵车万乘，后世因称天子为"万乘"。奈何：为什么，同"若何"。《左传·襄公二十六年》载："夫小人

之性,衅於勇,啬於祸,以足其性而求名焉者,非国家之利也。若何从之"。

⑦以身轻天下:看轻自身而看重天下之民。

⑧轻则失本:轻慢于"道"的根本就会离失于"道"的本源。

[译文]

(以"道"为)重是(以"道"为)轻的根本,沉静(于"道")是躁行(于"道")的主君。

所以圣人终持旷日操行不离(满载"道义"的)辎重。虽(从外象看)荣华富贵旖旎景观,(内在却顺"道"本身而为)燕处超然(达到身轻天下的境界)。正如万乘大国的君主,哪有偏重自身而轻慢天下的呢?轻慢天下则失去(治国和导引人类世界之"道"的)根本,躁动偏行则失去(治国和导引人类世界之"道"的)为君要义。

[说明]

此章阐述"人道"之中"王道"。

"圣人",帛书《老子》为"君子"。

"若何",帛书《老子》为"若何"。

[引思]

关于静思

万物自有理化特性,可以在探索后加以利用。万事自有格局因果，可以在研究后加以推演。无论是研究还是探索，都须要笃定静思分析。关于静思，众多先贤哲能都对静思作了很好的描述。孔子临水静思，诸葛亮"宁静致远"，朱熹静思读书三法，曾国藩"每临大事有静气"等等，不胜枚举。

第二十七章　常善与妙要

[古文]

善行,无辙迹①;善言②,无瑕谪③;善数④,不用筹策⑤;善闭,无关楗⑥而不可开;善结,无绳约⑦而不可解。

是以圣人常善救人,故无弃人;常善救物,故无弃物。是谓袭明⑧。

故善人者,不善人之师;不善人者,善人之资⑨。不贵其师,不爱其资,虽智大迷,是谓要妙⑩。

[注释]

①辙迹:意为痕迹。辙,轨迹,行车时车轮留下的痕迹。迹,足迹,马迹。

②善言:善于言教。《老子》多指善"不言之教"。

③瑕谪:意为过失、缺点、疵病。瑕,玉有疵。谪,责备。

④数:计算。

⑤筹策:古时人们用作计算的器具。

⑥关楗:栓梢。楗,称梢,即木门竖向边缘中部设置的木块与门框对应位置设置的中空木块相连的部分。栓,木门的框对应梢的位置设置的中空木块。

⑦绳约:绳索。约,指用绳捆物。

⑧袭明:内藏智慧聪明。袭,覆盖之意。

⑨资:取资、借鉴的意思。

⑩妙要:玄妙精要,深远奥秘。

[译文]

善行的,无留辙迹;善言的,没有过失;善数的,不用筹码;善闭阖的,无关楗("栓梢")却不可开启(善撬开的有关楗或各形态"栓梢"也可"打开");善缚结的,虽无绳约却不可解开。

因此圣人常善"挽救"人(使人尽其才、尽其能),所以无"遗弃"之人;常善"救"物(使物尽其用、尽其利),所以无"废弃"之物。这称为袭承"明道"。

所以善人者,可以做不善人者的老师。不善人者,可以作为善人者的资鉴。不尊重其师,不爱惜其鉴,虽然自以为聪明,其实是大迷糊。这就是微妙精要的道理。

[说明]

《老子》认为,"域中四大,王居其一""人法地、地法天、天法道、道法自然"。人居四大中的一大,因而通行本《老子》在第二十六章、第二十七章重点阐述"人之道"。在"人之道"中,民之道、国之道,是"人之道"的主要内容,故而老子在"德"篇中对民道、国道作了重点论述。

此章重点阐述"善"的内涵。笔者认为，"善"的真正内涵是，顺应"自然"本身，达到善行、善言、善数、善闭、善结、善救人、善救物，最终实现自然糊涂的要妙境界。此处的善，是顺行迹、顺言析、顺数策、顺关开、顺约解、顺人性等等。善人的过程，是善于启人、顺其人性"自然"的过程。

郭店楚简《老子》无此章。

"辙迹"，在帛书《老子》乙本中为"达迹"。

"是以圣人常善救人，故无弃人；常善救物，故无弃物，是谓袭明"，帛书《老子》甲本为"以是圣人恒善救人而无弃人，而无弃人，物无弃财，是谓仲明。"帛书《老子》乙本为"是以圣人恒善救人而无弃人，物无弃财，是胃曳明"。

"关楗"，帛书《老子》甲、乙本作"关龠"。

[引思]

善行

善行至关重要。善行就是当今"落实好"。不但要行动，而且要行无迹，有行却未让人觉其行，若春风化雨，润物无声，亦若凉秋悄至，瓜熟蒂落。善行者，无辙无迹，摸不透其辙其迹，如神龙不见其首，亦若神来之笔。

善言

善言者，不可能抓其漏洞，甚至在不经意中得到想要的答案。

言者,为行之开阖之器也。善言者,无言也,亦或意此而言他。

善数

善数者,一者计数,二者筹划,三者策略,四者全盘掌控也。善数者,已具备掌控全局的能力,靠感觉就可以预知未来的趋势。善数与善术不一样,善术是善行的内容。

善闭

善闭者,梢栓不可开。一者不闭却闭。如夜不闭户,此乃大闭、上闭之闭也。二者闭而未闭。如千锁亦能开,此乃极不善闭也。三者闭而能闭。如一夫当关,万夫莫开。须闭时,闭上关键,闭阖门户、闭关锁国等。

善结

善结者,一者结绳,为实指。二者缔结,虚指。结盟是缔结的一种。三者善交也。

贵师

天下师为贵。有师能快通,有师能传承,有师能导引,有师能创拓。贵师善资,桃李天下。重知、爱生、资德、善授,此师道的要妙起点。

第二十八章 常德与持朴

[古文]

知其①雄②，守③其雌④，为天下⑤溪⑥。为天下溪，常德⑦不离，复归于婴儿⑧。

知其白⑨，守其黑⑩，为天下式⑪。为天下式，常德不忒，复归于无极⑫。

知其荣⑬，守其辱⑭，为天下谷⑮。为天下谷，常德乃足⑯，复归于朴⑰。

朴散则为器⑱，圣人用之，则为官长⑲，故大制不割⑳。

[注释]

①其：指万事、万物、万类、万理、万态甚至哲学范畴内的物质、意识及哲学范畴外的未知部分等的"道"。此处译为万事、万物、万类、万理、万态之"道"。

②雄：喻雄显、刚劲、强大。此处指"道"的呈现。

③守：扼守。

④雌：比喻柔静、软弱、谦下，可以理解为处下、玄德、大辱等。此处译为"道"的要冲，即"道冲"。

⑤天下：周天之下。天，此处指域中四大之一的"天"。

⑥溪:涧溪,沟溪。喻为处下状态。处下,"道"便若水一样真切而汇集,乃至回归"道性"。

⑦常德:常持"道""德"。

⑧婴儿:象征纯真、纯元,保持刚出生时的纯朴状态。与《老子》文中的"赤子""未孩"同义。

⑨白:明示,阳,白天,明亮,或刚毅、呈现的状态。

⑩黑:阴,夜晚,暗昧,或宁静、持原的状态。

⑪式:运式,模式,形式、范式,或状态。

⑫无极:无穷尽。极:穷尽、尽头。

⑬荣:荣观、宠荣。此句与"宠辱若惊"句有相近之意。

⑭辱:卑辱、静辱、低下、处下。

⑮谷:川谷、归谷、深谷、峡谷,喻胸怀广阔,囊括万事、万物、万类、万理、万态而依然心境宁静如常的状态。

⑯足:指最接近"道"本原的状态。

⑰朴:意为一切如初的样子,指纯朴的原始状态。与《老子》第十九章"见素抱朴"《老子》第三十二章"道常无名。朴虽小,天下莫能臣"《老子》第十五章"敦兮其若朴"等中的"朴"是一个道理。

⑱器:器物,指万事、万物、万类、万理、万态。

⑲官长:百官的首长,领导者、管理者。

⑳大制不割：完整制式不容割裂。制，制作器物，引申为制式、制度、政治、模式等；割，割裂。

[译文]

深知万事万物之"道"的呈现，扼守其"道冲"，似周天之下"涧溪"。似周天之下"涧溪"，常持"道""德"不离，复归于赤子。

深知万事万物之"道"的明示，坚守其"昧黑"，似周天之下"运式"。常持"道""德"不失，复归于"无极"。

深知万事万物之"道"的荣观，安守其卑辱，似周天之下"川谷"。似周天之下"川谷"，常持"道""德"充足，复归于"素""朴"。

"朴"的状态打散后则制作器物，"至道"之人沿用真"朴"，则为百官之长，所以完整制式不容割裂。

[说明]

此章以"常德"重点阐述保持"朴"的道理。

此章与第十章有类似表达。

[引思]

论知

《老子》全文均在"知"的前提下。知的范畴十分广泛。知彼知己，知雄知雌，知害识害，知势识势，知有利识无利，知动静识格局……对人类而言，所有人须学不停止、习不停止、思不停止、为不停止，以至"知""识"不停止。这也是荀子所说的"学不可以已"！而后，知彼而守此，守此而归"道"。从古至今，从东到西，论知者众。知的过程是一种能力。孔子的"知之为知之，不知为不知，是知也""格物致知"与王守仁的"知行合一"，就将知识、知的能力融为一体。

论守

《老子》文中提到"守其雌""守其黑""守其辱"。"守"在不同场合其含义不同。对意识，"守"是遵循万事、万物、万类、万理、万态乃至意识形态领域本身因果、规律、原则、方式、模式等过程。对物质，"守"是顺应万物乃至物质形态领域的理化、特性、特点、定律、规则、产生、发展、集群等过程。对类别（意识与物质之间的部分），"守"是按照万类的生育、成长、灭亡、类聚、集合等过程。对"未知"（除物质、意识、物质意识中介部分之外且未被人类识别的部分），"守"是据守静雌、扼守"道"口、把守"道冲"、"不以下为辱"且坚守等等。对人类而言，人人须言行处下、谦卑无傲、仰望星空、进而不止。

论常

"常德"是《老子》本文中的要点。与"道"保持高度一致，就是"德"。与"道"保持基本一致，或形离神不离，是"玄德"。长期与"道"保持"形离神不离"，是"常德"。

论朴

"朴"是"道"的原态、初态,也就是原性。保持"朴"的状态,就是保持"道"的状态。长期保持"道"的原性,朴也就慢慢回归本位。

第二十九章　天道与圣人

[古文]

将欲取①天下而为②之,吾见其不得已③。天下神器④,不可为也⑤。为者败之,执者失之。

故物⑥或行⑦或随⑧;或觑⑨或吹⑩;或强⑪或羸⑫;或挫⑬或隳⑭。

是以圣人去甚、去奢、去泰⑮。

[注释]

①取:摄取。

②为:可为、强为,意为逆天下之"道"而为。与后句中"不可为"对应。

③不得已:不得"道"呀。已,叹词,意罢了。

④天下神器:"天道"神圣器物。天下,借指天下之"道"。

⑤不可为也:不可强为。意为不可强力"逆道"而为。

⑥物:万物。借指万事、万物、万类、万理、万态及未知。此处"物"应拓展为"物质""意识""未知"物质与意识之间的"质介"四个部分。《老子》强调万物随其性。

⑦行:运行。此处意为与天下之"道"同行。

⑧随:顺随。此处意为顺随天下之"道"。

⑨觑:轻觑,轻声和缓地吐气。意为不经意而随天下之"道"轻为。

⑩吹:拉吹,急吐气。意犹橐龠行天下之"道"而拉吹。

⑪强:强健、强大。

⑫羸:羸弱、虚弱。

⑬挫:磨挫。意为自爱,不慌不忙磨合之意。

⑭隳:消隳,危险。意为自我慢慢消亡的过程。

⑮去甚、去奢、去泰:去离极端、去离奢侈、去离余泰。

[译文]

将欲摄取"天下"而("逆道")作为,我看其不得"道"呀。"天下"神圣器物,不可以("逆道")强为。("逆道")为者注定失败,("逆道")强持"天下"者必将失去"天下"。因此万物(万事、万类、万理、万态)或(与"道")同行或顺随(大"道"),或随"道"轻为或顺"道"虚作,或强健("道为")或("道用")羸弱,或磨挫("道行")或消隳("道念")。因而圣人去离极端、去离奢侈、去离余泰。

[说明]

此章中的"天"指"人法地、地法天、天法道"中的"天",与"域中四大""道大、天大、地大、王亦大"中的"天"同理。本章中的"天下",指天下之"道"。重点阐述"天""道"不可违的道理。《老子》主张"无为""去甚、去奢、去泰"。

"天下神器,不可为也"一句,有《老子》版本为"天下神器,不可为也,不可执也。是以圣人无为,故无败,故无失。"

"或挫或隳"句,帛书《老子》甲本中为"或坏或椭",帛书《老子》甲本中为"或陪(培)或堕",有的《老子》版本为"或载或隳"。

"是以圣人去甚、去奢、去泰"一句,在帛书《老子》甲、乙本中为"是以圣人去甚、去大、去楮(诸)"。

郭店楚简《老子》无此章。

此章内容争议较大。根据《老子》甲、乙本,本章引《老子》王弼注本。

[引思]

"天道"不可违

"天道",泛指宇宙体系运行所有规律的总和、宇内万物自然法则总和、人类社会组织机构运行方式总和、各类意识反应认识认知总和、所有科学定律原则总和、事物原有本性与自身原则总和,以及未知领域运行方式总和等。作为人类社会,自有人道。人法地、地法天、天法道,因而人道法于地道、地道法于天道、天道法于道、道法自然。天道只可顺应或同行,不可以强为之或不可以逆为之。最典型的是,人类社会某些组织,常常违反天道,最终被天道所放弃。以化学药品广泛应用于农业为例,那些有害农药被逐步应用到所有农产品,以致发明农药者不得不直接或间接食用残留农药的食品。有的农药已经侵害至其他生物,给人类生存环境造成极大破坏。同理,"物性"不可改,"甚奢"不可取,"道法"顺自然。

第三十章　善果与不道

[古文]

以道佐人主者,不以兵强天下^①,其事好还^②。师之所处,荆棘生焉。大军之后,必有凶年^③。

善有果^④而已,不敢^⑤以取强^⑥。果而勿矜,果而勿伐,果而勿骄,果而不得已,果而勿强。

物壮^⑦则老,是谓不道^⑧,不道早已^⑨。

[注释]

①天下:此章"天下",可以理解为"人道"范畴的"天下",仅指人类"天下"。此处不泛指自然界的"天下",更不指宇内物质世界的"天下"。

②其事好还:用兵这件事一定会得到还报。还:还报、报应。此句以用兵为例,阐述了"逆天道""逆地道""逆人道"等一切"逆道"后果。

③凶年:荒年、灾年。

④善有果:遵循"道"范畴下的"人道"而产生效应。善,指遵循"道"的过程。果,成功之意,指达到获胜的目的,即持"道成"。

⑤不敢:不可。此意为,不可"逆道"。

⑥取强：逞强、好胜。

⑦物壮：万物壮大。物，此处指万事、万物、万类、万理、万态等。壮，壮大、壮成、强硬、成就等意，分别对应万事"逆道"成就、万物"逆道"壮大、万类"逆道"生成、万理"逆道"强硬等。

⑧不道：不合乎于万事、万物、万类、万理、万态自身之"道"。

⑨早已：很快完结。已，此处意为亡、止。

[译文]

以"道"辅佐君主的人，不以用兵逞强天下。其（兵强等类似"逆道"之为）事必遭受（逞强等"逆道"之为）反噬。师伐途处，（人少屋塌）荆棘横生呀。大战之后，必定出现荒年。

"循道"者效果自然而成，不敢（"逆道"）以强取。持"道成"而不矜持，持"道成"而不夸耀，持"道成"而不骄横，持"道成"而不得止，持"道成"而不逞强。

万物壮大万事成就则老衰变化，这称为"不道"，"不道"早亡。

[说明]

此章以用兵强为、物壮则老等为例，阐述了持善"果"、持"道成"的方式，并告诫人类社会须持"道"远行。

郭店楚简《老子》原文为"以道佐人主者，不欲以兵强于天下。果而弗发，果而弗骄，果而弗矜，是谓果而不强。其事好"。

帛书《老子》无"大军之后，必有凶年"句，此句疑为后人加注的一句话，但意义重大，故保留。

"不敢以取强"句，帛书《老子》为"毋以取强。"

[引思]

关于兵

兵者，邦国之大事，不可不察。在人类社会的发展中，最大的组织关系是邦国关系。欲以一邦一国强于另一邦一国，以一制一意强于另一制一意，可用兵，可不用兵。用兵，明显逆反邦国正常关系，多是"不道"行为。可不用兵，则不战而胜人，是上上策。对以"道"佐人主者，不"兵"是邦国之间竞争长处的准则。因而，对有"道"之国，不"兵"才是邦国之道的正常状态，才符合人类和平发展的大道。"不兵"与"弱兵"是两个不同概念。只要有邦国关系存在，兵可强，不可以弱；兵可似无，不可以绝无；兵可内强，不可以内耗；兵可示，不可以显；兵可密，不可以失；兵可速，不可以慢；兵可演，不可以怠；兵可谋，不可以罔。兵不谋略，必无大胜；兵不诡诈，必无胜算；兵不绝密，必定有失；兵不神速，必定失势；兵无大器，必定亏损；兵不详察，必定失机。用兵一定会受到还击的。如楚灵王、齐闵王、秦始皇，或以杀其身，或以祸其子孙。

关于"果"

"果"有成功之意。同于"道"者有果，合于"道"者（德者）有果，不远离"道"者（善者）有果。果，就是持"道"之成。以"兵道"

佐君主,其用兵,不是德者,更不是"道"者。为了让更多大众不失势失利,不得不兵,不得不出手,不得不革命,即称有正义之师、替天行道、革命之举,这归为善者。善者不远离人类发展之道,善者将已经远离人类发展规律的拉回"人道"行列。因此,善者也有果。"果"有因果之意。对任何事物,有其本身发展规律,其规律是有前因、有历程、有结果的。对佛教、基督教、伊斯兰教、东正教等宗教来讲,有修行就有善果。"果"有成果之意。对人类个体来讲,有合道的付出就有成果。"果"也有体系之意。对宇宙体系,其合道正常运行就是一个"果"。对数学等一些科学来讲,"果"就是运行、逻辑推理的结果。

关于人类战争

对人类,可能于某些邦国、财团、组织、资本等有利,但从人类发展角度来讲,是消耗人类整体资源,是"逆道"之为。战争是否善果,对宇宙来讲,毫无意义。毕竟现代人类甚至一千年内人类尚无个体走出太阳系,即使用核摧毁地球、甚至摧毁太阳系,对宇宙的影响也只是微事件。

第三十一章　用兵与尚礼

[古文]

夫兵者,不祥之器①。物或恶之②,故有道者不处③。

君子居则贵左,用兵则贵右④。兵者,不祥之器,非君子之器,不得已而用之,恬淡⑤为上。胜而不美,而美之者,是乐杀人。夫乐杀人者,则不可以得志于天下矣。

吉事尚左,凶事尚右。偏将军居左,上将军居右,言以丧礼处之。杀人之众,以哀悲⑥泣之,战胜以丧礼处之。

[注释]

①不祥之器:"逆道"的使器。祥,吉祥。

②物或恶之:万物或许厌恶它。

③不处:此处意不用兵,即不处兵。与处"下"类似。

④贵右:古人以左为阳以右为阴。阳生而阴杀。尚左、尚右、居左、居右都是古人的礼仪。此文"兵序""礼仪"是印证《老子》作者为礼官的证据之一。

⑤恬淡:恬静淡泊。恬,不欢愉,不悲伤,安静适度。淡,不浓却有,不热心。

⑥哀悲:哀伤悲叹。本文之意为低调处理,不能美化战争。

与当今"哀悲"之意有别。

[译文]

兵革啊,不祥的器物。万物或许厌恶它,所以"有道者"不使用它。

君子平时以左方为贵,用兵时以右方为贵。兵革不祥的器物,不是君子的使器,万不得已而使用它,最好淡然处之。胜利而不得意洋洋,如果得意洋洋,就是喜欢杀人。凡是喜欢杀人的人,就不可能得志于天下。

吉庆事情习尚左方,凶丧事情习尚右方。偏将军位居左方,上将军位居右方,就是说以丧礼对待兵革之事。杀人众多,以哀痛心情妥善处理后事,战争胜利以丧礼妥处后事。

[说明]

此章以"兵"为例重点阐述"有道者"不处、不得已用兵须"处下"的道理。"偏将军居左,上将军居右""战胜以丧礼处之"等,均阐述了"道""处下"的道理。

"夫兵者"有的传本作"夫佳兵者"。

郭店楚简《老子》、帛书《老子》甲、乙本均有此章。有学者疑此章非老子之作。

"故有道者不处"句,帛书《老子》甲、乙本为"故有欲者弗居"。

"物或恶之,故有道者不处"句,与《老子》第二十四章有同句。

"兵者,不祥之器,非君子之器。不得已而用之,恬淡为上,胜而不美。而美之者,是乐杀人",在帛书《老子》甲、乙本为"故兵者非君子之器。兵者不祥之器也,不得已而用之,恬淡为上,勿美也。若美之,是乐杀人也"。

"哀悲",某些《老子》版本为"悲哀"。

"泣之",某些《老子》版本为"莅之"。

[引思]

关于杀人

在人类发展史上,杀人之事屡见不鲜。不谈杀人之事,是对历史的否定,是对未来的回避。回顾过去的历史,只要有人类的地方,都存在杀戮的事实。有猎杀、怒杀、捧杀、错杀、过杀、自杀、他杀、气杀、病杀……还有大规模战争的群杀、有预谋的屠杀、悄然的生物(病菌病毒)病杀、有计划的饥杀、有组织的自然之杀、有自然之害天杀……历史上的杀人事件罄竹难书。有的因为个人、有的因为组织、有的因为天灾、有的因为病害、有的因为邪教、有的因为人害、有的因为集团私利或资本利益……跳出太阳系、银河系的后人类,回望现人类这些行为,杀人是人类最低级的内害、互害行为。

关于处道

当时代迈入生产主要依靠自动化、物资利用循环化、管理网络数字化、人类生活品质化、群体素质科学化,以及系统化、智能化、现代化、文明化的阶段时,人类将面临各类机遇与挑战,包括人的定义将发生改变,即新人类(人机结合人、高知集成机器人、仿真人、现代文明人等)将产生,社会将发生巨大变化。这一切,都是"顺道"而生的。人类有"人类之道"。人类之道又需要适应"自然之道"。一种"道"顺应另一种"道",其本身也是一种"道",这就是"处道"。"处道"良好且"逆道"再回归于"道"的,就是有"德"。回归于"道"且以内心保持"道顺自然"状态并时时战战兢兢与"道"同在的,那就是玄德。持玄德,可永生。

第三十二章　朴道与知止

[古文]

道常,无名,朴①。虽小②,天下莫能臣③。侯王若能守之,万物将自宾④。

天地相合,以降甘露,民莫之令而自均⑤。

始制有名⑥,名亦既有,夫亦将知止,知止可以不殆⑦。

譬道之在天下,犹川谷之于江海⑧。

[注释]

①朴:这是指"道"的特征。

②小:用以形容"道"是隐而不可见的。

③莫能臣:没有什么不臣服于"道"。臣,使之服从。

④自宾:自将宾服于"道"。宾,服从,跟从。

⑤自均:自然均和。

⑥始制有名:万物兴作,于是产生了各种名称。名,即号令万物万类万事之称,鉴于对"名"释译争议也较多,为保持原文的"名",此处不译。中国的"制"历史悠久不可考,如《诗·豳风·东山》有"制彼裳衣"《易·节》有"君子以制数度,议德行"等。

⑦不殆:不殆,没有危险。

⑧犹川谷之于江海：之于，流入；一说正文应为"道之在天下，譬犹江海之与川谷"。

[译文]

"道"常在，以"无"号令，质"朴"纯原。虽微小，天下没有啥能臣服（"道"）。侯王如果能够坚守"道"，万物将自然宾从。

天（"道"）地（"道"）相互融合，因以降下甘露，（万事万物万类万理万态）万民无须指使而自然均和。

从立"制"开始有"名"，"名"由"制"而生，也将"名"（循"道"）追识（"名""道"）源止，识（"名""道"的源止）就可以（循"道"）不殆。

"道"存于天下，如山川流注江海。

[说明]

此章重点阐述"道用"，即"道"虽"朴"、虽"微"，却以"无"号令万事、万物、万类、万理、万态。它们"自宾"归"道"或顺"道"。"名"是"道用"的一个过程而已，或以"无"号令罢了。

"道常，无名，朴"，有学者断句为"道常无，名朴"，有学者断句为"道常无名，朴"，有学者断句为"道常无，名，朴"。甚至有学者将前句与下句中"虽小"连结起来，直接断句为"道常无名，朴虽小"。结合本处上下文意，笔者认为，"常道无"老子不必再重复说，"道常无名"或"名朴"断句，与上下文意符合性低，再根据郭店楚简"道恒""无名""朴","虽微"之句,笔者断句为"道常,无名,朴"。若断句为"道,常无,名朴",亦不害"道"义。

《老子》第一章、第二十五章、第三十二章,均讲到"道""名""朴"等问题,前后通贯,映衬呼应。

[引思]

"道"以"无"号令天下一切

"道"无形不系,"道"常在,以"无"的形式号令天下一切。小"道"可以号令,大"道"可以号令,这种号令是以"无"的方式存在。譬如某某定律、原理、规律、法令、规则、制度、政策、季节、星辰、学说、体系、模式、标准、方法……这些都属于某个"道",他们在相应体系中发生"道用",在"道用"之下,也就是在以"无"进行"名"(号令)时,万物自宾,万事自理,万类自归,万态自然。若干"道"集成后,均归于"大道",所有"大道"总和没有什么言辞表达,勉强冠称以"道"。各类"大道"发生作用没有什么词语称谓,勉强冠称以"名"。因而,"道"恒在,常"无"形,且"不名"(不道用或不加以干涉)。"道"很强大,为域中四大之"道","道"很微小,与尘同融,与光同在,质朴无形,"道用"或以"有"形的方式呈现,或以"无"态的方式作用,因而,"道"常且"道"无名,"道""有"或"道无",道之"有""无"同名。

关于道朴

"道"是质朴的,始终处于纯原状态,不被外界所干扰,自我运行而不加以发令干涉。但万物宾服于它,万事、万物、万类、万理、万态律从于它,万类从属于它,宇内物质世界跟从于它,人类意识形态无不反映它并归类于它。对人类而言的"未知"世界,也有自身的体系、规律、原则……这也是"道"的一部分。道"至大无外,至小无内","道"包容一切,"道"处于原朴,"道"处于厚实,"道"和同于光,"道"混存于尘,"道"质朴无华、纯洁如初、若愚如痴。由此可知,"道"虽"无令"或以"无"号令,却使万物自宾、自均、自律;"道"虽无令或以"无"号令,无论怎么变化、无论怎么发展,无论什么情况……最终都要归回到"道"。"道"是"自化""顺自然"的,因而无令或表现为以"无"号令,因而如朴如初。许多道教场所设有"慈航"宫。此比喻慈怀如大海一般顺其自然而达到无令而"归道"的无边境界。"无令"与"顺其自然"旨意相同。

关于以道知"止"

万事、万物、万类、万理、万态,宇内物质、人类意识乃至未知世界,都有自身之"道"。其有产生、发展、壮大,也必有倦怠、停止、灭亡的过程,因而知"止"。此如辩证法所言,任何事物都有产生、发展、灭亡的过程。因此,人必须学史知兴亡。史可鉴古,史可明心,史可识"道",史可鉴往知来。对人类而言,很多"止"状态认识仍然处于空白。譬如,人类自身最长的生命何时而止?人类内部互相争战搏杀何时而止?人类何时开始团结一心走出生命快要终结的太阳系、银河系,奔向一个又一个适合人类生存的新星系而最终在星际不断迁移永生……人类的永生,才是人类共同关注的问题,因为我们都是为了后代继续与延续……战争、财富、权力、某种族处于什么状态(现代状态或原始状态等)、某人对错……如果人类没有未来,还需要说什么呢?

关于解"道"释"道"

解"道"释"道"的过程,本身是"不道"的言行。"道"须自我领悟、自我解释、自我有得,这样才能称之为"顺其自然"。思想需要交流,哲理须要辨识,道德须要持守,解"道"释"道"就是这个过程。每位解"道"释"道"之君,均有领悟,均有感获,故均解"道"有进,释"道"有理。作为人,是人类的一部分,不食人间烟火,那也是"不道"的行为。其实"大隐隐于市",是对"道"的深刻理解。秦佚悼念老子就是著名的例子。老子仙逝,老子的朋友秦佚前往吊唁,却不跪拜,只拱手致意后三号而出,众人不解。传言秦佚解释说,吾哭号三声,非因悲也,是与老聃辞别也。一号,言其生而应时,合自然之理也。二号,言其亡而应时,合自然之理也。三号,言其在世似自然无为之"道",合自然之理也。老聃举足而应时,动止而合"道",吾有何悲哉?众邻闻之,皆言秦佚乃老聃真友,故推其为主葬之人。合土之时,秦佚颂悼文:"老聃大圣,替天行'道',游审大同,千古流芳"。

第三十三章　己道与久寿

[古文]

知人者智,自知者明。

胜人者有力,自胜者强①。

知足者富。

强行②者有志。

不失其所者久。

死而不亡③者寿。

[注释]

①强:刚强、果决。

②强行:坚持不懈、持之以恒、勤勉力行。

③死而不亡:虽死而"道"犹存。

[译文]

知人者是智慧的,自知者是高明的。

胜人者是有力的,胜己者是坚强的。

知足者富有。

强行者有志。

不偏失其"道驻之所"者长久。

身死而"道存"者长寿。

[说明]

此章重点阐述"知""止"部分的内涵,以说明个人修养与世界观建立。"知人者"包括知他人、他众、未知等"他们"。

[引思]

知人知己,明智也

对个人讲,知人不易。要知他人,实属不易。要知他人,须先认识他人,并了解他人的性格、优点、缺点、爱好、知识、经历、背景、荣誉、家庭、亲戚、朋友等等。认识一个人,最难的是了解其优点、缺点、朋友。知其优点,可以学习利用。知其缺点,可以扬其所长、避其所短。知其朋友,可以深知其知、谋施未来。古人讲"近朱者赤,近墨者黑",可见朋友的重要性。用一个人,首要是知其人。知其人,就要以事探究、以反推论、以危求真。

对团体讲,知彼不易

对于一个团体、一个组织、一个派别、一个国家等来说,用人当否,直接关系未来发展。譬如,刘邦虽非君子,却善于用人,终成大事。刘邦怀疑韩信谋反而捕捉韩信。刘邦与韩信有一段君臣对话。刘问:"你看我能领兵多少?"韩答:"陛下可领兵十万。"刘问:"你能领兵多少?"韩答:"多多益善。"刘不悦,问道:"即如此,为何你始终为我效劳又为我所擒?"韩答:"那是因为我们两人不一样呀，陛下善于将将，而我则善于将兵。"《孙子兵法》讲"知己知彼，百战不殆"也是《老子》讲的这个理。又如新中国主要缔造者和第一代领导集体核心人物毛泽东同志，就把知人、用人放在重要位置，其主张建立政治协商、人民代表大会等制度，就是为了更广泛地识人、用人，用好一切可以用的人。与封建时代不同，毛泽东同志随时把"人民"放在心里。著名的"窑洞论"就是毛泽东同志把"人民"放在核心位置的典型论述。1945年7月，抗战胜利前夕，民盟、民建的主要发起人黄炎培到延安拜访毛泽东同志。其间，毛泽东同志问黄炎培有什么感想。黄炎培坦率地说："我生六十多年，耳闻的不说，所亲眼看到的，真所谓'其兴也勃焉'，'其亡也忽焉'，一人，一家，一团体，一地方，乃至一国，不少单位都没有能跳出这周期率的支配力……一部历史，'政怠宦成'的也有，'人亡政息'的也有，'求荣取辱'的也有。总之没有能跳出这周期率。"毛泽东同志干脆果断地回答："我们已经找到新路，我们能跳出这周期率。这条新路，就是民主。只有让人民来监督政府，政府才不敢松懈。只有人人起来负责，才不会人亡政息。"可见，一方面，毛泽东同志深刻认识到中共"民主"属性和国民党"独裁"属性的巨大区别和"人民监督"的潜在巨力。人民是中国共产党的执政之基、力量之源，这也不难理解为什么我国的各大组织机构多以"人民"冠名，为什么新中国成立后周恩来同志等老一辈革命先驱时刻把"为人民服务"刻在心间。再譬如，打大战役，如果仅以局部为利，都不会成功。或许以局部牺牲为代价，或许以诱敌深入等特殊方式取得大战的胜利。另外，团体的保密、机要工作是团队特别重要的事情。武则天为什么能在唐朝取得成功，原因之一是自己团队制定了特殊的文字，这些文字只有自己人看的懂。虽为女流，其能力却不输男子，故取帝位。一个组织想真正把人选好用好，必须分开选人、用人环节。要用好人，必须做到察人荐选、用人分责、内外监督、明查实绩、暗查实效。换句话讲，除了人民监督、自我革命外，还要有人民主张的宣泄渠道、民众素养的承载平台。

对自己讲，自知不易

要认识别人或许容易一些，要真正了解自己，却不容易。如果一个人知道自己的优点，就不会自卑；如果一个人知道自己的缺点，就必会自强；如果一个人自己能够战胜自己，那么他就会为自己的理想享受孤独的快乐并最终实现理想。其实，战胜别人容易，战胜自己最难。古代秦始皇，就是典型例子。秦国嬴政领导下的团队战胜许多国家，在周之后再次统一天下，统一文字、统一货币、统一度量衡、统一井田制、统一建制封禅等，并给自己取名"始皇帝"，在中国历史上做出不可磨灭的贡献。虽然秦始皇是"灭六国"完成统一的伟大帝王，但是最终不能战胜自己。嬴政自负而采用暴政,识人不当用赵高,选人不当杀扶苏,最终导致秦国在秦二世就灭亡了。

第三十四章　道氾与无欲

[古文]

大道氾①兮,其可左右。

万物恃之以生而不辞②,功成不名有③。衣养④万物而不为主⑤,常无⑥,欲可名于小⑦;万物归焉而不为主,可名为大⑧。以其终不自为大,故能成其大。

[注释]

①氾:同"泛",广泛、泛滥、普遍。此处比喻,大道如同河水一般,涨落不知觉却泽润河岸万物,普利万物。

②不辞:不辞让,意为不辞离"道"的本分。

③不名有:不自有,意为不自以为有功。

④衣养:衣被食养。意为自然养育。

⑤不为主:不自以为主宰。

⑥常无:以"无"为常。

⑦小:渺小。意为幽微不可睹。

⑧大:宏大。意为容纳不可及。

[译文]

"大道"广行呀,它无所不至。

万物顺"道"生长而不离"道",功成不显其"道"。"道"养育万物而不以"道"为主,常处"道"之"无"态,可号名"道"于小微;万物归"道"呀而不以"道"为主,可号名"道"于宏大。因为它始终不以"道"为"大",所以能够成其"大道"。

[说明]

此章以"道"的作用为例重点阐述"道大"成因。"道大",为域中四大之首,《老子》进行专门阐述。"道大"成因是什么?《老子》以"不为主""不自为大"侧面印证《老子》"道无处不在"与"顺道自然"论点。

郭店楚简《老子》无此章。

"万物恃之……能成其大"段,在帛书《老子》甲乙本内容为"成功遂弗名有也,万物紧焉而弗为主,则恒无欲也,可名于小。万物归焉而弗为主,可名于大。是以圣人之能成大也,以其不为大也,故能成大。"

"常无"句,有学者疑为衍文。该句存在,《老子》第一章"故常无,欲以观其妙;常有,欲以观其徼"断句常误断句为"故常无欲,以观其妙;常有欲,以观其徼"。

[引思]

关于"大道"

一是"大道"包括什么? 包括物质、意识、物质与意识之间的连结体、除该连结体的未知。未知具体是指什么？譬如宇宙之外未曾发现的世界、佛教中的"灵魂"、基督教中的"上帝"、伊斯兰教中的"真主"……以上体系、规律、原则、定律、法则、运行、格局、静衡、趋势……这些都是"大道"的内容。二是"大道"的种类。"道"有千种万类，据《老子》所言，至少可以分为"天道""地道""人道""王道"。在所有"道"中，人类之"道"是人类自身需要的，是阐述"道"的起点。《老子》一书中还提到"善道""目道""士道""朴道""己道""兵道""美恶之道""空用之道""无用之道""宠辱之道""圣人之道""绝学之道""民心之道""自然之道"等等，都是"大道"类别。三是人类的"大道"。对人类而言，"大道"甚为重要。人类"大道"，就是人类共同发展、共同前途、共同未来、共同命运，以及人类如何克服内部矛盾与各组织之间的利益冲突等诸多问题与诸多困难，并团结一致，齐心协力，走出太阳系、银河系，最终到达一个适宜人类生存的新生星系，以求延长人类自身的命运，并在人类亿万年的发展历程中不断在新的宇宙体系中寻找新的居所。"人类命运共同体"，就是人类"大道"的重要内容之一。"人类命运共同体"旨在追求本国利益时兼顾他国合理关切，在谋求本国发展中促进各国共同发展，其包含相互依存的国际权力观、共同利益观、可持续发展观、全球治理观、资源互利不害观等。它符合人类发展现实，思想特别伟大。唯有"人道"顺"天道"，人类才能得以延续与生存。

关于"不为主"

一是养育万物不为主。天地养育万物,但天地不仁,以万物为刍狗,让万物顺着自己的规律产生或生育、发展或壮大、灭亡或消失。这是天地不为万物之主。二是万物归附不为主。"小道"最终汇于"大道"而达终点,涓流最终汇于江河而归海洋,宇宙万物归于物质,万物自有其"道",其"道"自我适应宇宙物质运行的"大道",但宇宙"大道"却不自以万物为主。三是介入迪化不为主。如春风般悄然介入,如春雨般默默导化,顺自然状态,顺万事、万物、万类、万理、万态本性规律,以介入方式融入而不影响万事、万物、万类、万理、万态本身,在不为主的基础上,成其大。

第三十五章 执象与道性

[古文]

执大象①,天下往。往而不害,安平太②。

乐与饵③,过客止。道之出口,淡乎其无味。视之不足见,听之不足闻,用之不足既④。

[注释]

①大象:"大道"之象。喻为"大道"的轮廓模样、"大道"的趋势方向或"大道"的主力要核;若用简词表达,大象即"大道"要核。

②安平太:安,安宁。平,平和。太,同"泰"。

③乐与饵:音乐和美食。

④既:尽之意。

[译文]

执守"大道"要核雏型,天下(含万事、万物、万类、万理、万态)往"道"(顺行)。往"道"(顺行)而无(逆"道"之)害,安宁平和泰然呀。

乐音与美食,过客为之止行。"道"之表象描述,其淡然无味。视"道"不足以呈现,听"道"不足以耳闻,用"道"却无穷尽。

[说明]

本章重点阐述执守"大道"而往、"道"本无性的道理。其中,本章第二段,每一句话就是一幅生动的图画,分别从听觉、味觉、视觉、触觉四个层次阐述"道无性"。

郭店楚简版《老子》无此章。

帛书《老子》甲、乙本均有此章。主体内容基本一致。

"大象",多数学者解为"大道",亦有学者解为"大道之法象"或"无象"之"象"等。笔者理解为"大道"的轮廓初态之要之势,即"大道"的概要准则与主导方向。

"安平太",多数学者解为于是平和泰安,亦有学者解为安宁、平等、合群等。安,部分学者译为于是、则。

[引思]

关于"大象"

执守宏大之"道",就是执"大象"之意。对宇宙万物来讲,执"大象"就是宇宙按照自身规律维持自我运行,宇宙万物均归于其中,违逆宇宙自身规律的必定灭亡,顺从宇宙自身规律的将永生。宇宙规律是宇宙的"大象"。对自然来讲,违背自然法则的必定受到自然惩罚,顺应自然法则的必定受到自然恩惠。自然法则是自然的"大象"。对人类来讲,违反人类共同规则的必将遭受唾弃,顺应人类共同规则的才会永垂史册。人类的共同规则是人类的"大象"。对一个组织,包括宗教、政党、社团、政权机关等,执守"大象"就是坚定维护组织,并不断实践共同信仰。组织共同信仰是组织的"大象"。对一个行业来讲,执守大象就是坚守行业共同的原则。行业共同原则是行业的"大象"。对一个人来讲,执守"大象"就是守住自己的应有底线。基本底线是个人的"大象",即看重自己、看清自己、看好自己、践行主业。对一个事物来讲,执守"大象"就是要抓住事物根本。事物的根本就是事物的"大象"。比如,治理一个国家,紧紧抓住这个国家绝大多数国民的共同利益而为之努力,这就是治国的"大象"。否则,治理者会被抛弃。再如,治理城市,紧紧围绕常住居民、人口流动、基础配套、基本需求、为民服务、重点难点(含产业区划、共同利益、价值观念等)、改旧升级、长远发展、城际互补、优质管理、城市群共同利益、城市群带产业流向、现代化治理城市手段等问题,牢牢抓住需求、供给、服务、治理、体系、健康、安全、环境、文化、城乡融合、共同理念、共建共享、共同发展、共同文明等,这就是治理城市的"大象"。

关于"不害"

害与不害,没有绝对界线。"害"指无益、伤害、有限、损毁、失去……笔者认为,《老子》的"害",指"逆道"的后果。"小逆"有"小害","大逆"有"大害"。常言"大逆不道",就是此意。"小害"虽可产生短暂的有利结果,却不能改变"大道"本身,最终是饮鸩止渴。"大逆"就是饮更多鸩,产生更强烈的后果。要实现"不害"目标,一要认识懂得"大象""大道",二要执守"大象""大道",三要与"大象""大道"同往，四要保持与"大道"同往的恒心、恒力、恒为。"不害"是执大象、守大德、往大道的后果，更是"安平太"的前提条件。笔者认为，"安平太"仅是"往而不害"的部分后果。所有宗教组织，都按照自身宗教信仰的"大道"，做好自己，团结众人，利好人类。不同宗教之间，共同的对象就是自己、同宗、大众、人类，以至于万物、万类、万民、未知。不同宗教之间，共同目标就是为人类的共同利益、共同未来而不断努力。人类作为宇宙体系的高级生命，从一个星系、河系、本身空间宇宙到另一个星系、河系、另外空间宇宙，需要不断跳跃式延续生命并书写和传承人类光辉历史。这种共同延续、传承，就是人类共同的"不害"思想的延续、传承。

关于"乐饵"

生物之间的竞争，那是自然的选择，是"天道""地道"作用的结果，这不是"乐饵"的表现。对人类来讲，"乐饵"种类很多，无处不在。个人利益、名声荣誉、地位权势、金钱资源等，是人类社会中个人的"乐饵"。小组织利益、小团体好处、小地方争利、党派权益相争、教派相争相害等，是人类社会中组织的"乐饵"。人类真正应作为"乐饵"的是，抛开人类内部所有冲突，世界各类教派相互理解支持，凝聚人类世界和所在星系资源，共同解决人类面临的共同问题并共赴未来，主动融合为人类共同体，充分利用地球有限的资源与太阳系有限的资源，寻找到人类走出太阳系、银河系的方法与路径,在各星系、河系及各宇宙之间不断传播、不断延续人类共同生命。资源也是人类的重要的"乐饵"。在人类已知资源中,"核"资源是一种重要资源。"核"资源利用也是人类打开新世界的一种重要方式。除开"核"资源外,还有生物波、星球引力、星球光电、星系斥力、河系臂力、星球磁力、星际融合、河系波、星云尘、能量场、黑洞、爆核、空聚、空无、维度、宇斥、宇吸、宇潮、宇虹等资源。

关于人类未来

数千年内,智汇人类(脑机结合人类)将乘坐"离子船""微子舟"打破太阳系壁垒并走出太阳系。数万年内,人类、人类衍体、新人类等将乘坐比光还快的"超光舟""超磁舰",打破银河系壁垒并走出银河系。亿年内,人类、人类衍体、类人智体、新人类,将在数亿光年之外的其他星系繁衍、传承,或将在星系、河系、数宇之间游走旅行。这才是人类的未来。但愿人类多数团体组织对人类未来自知、自明、自修、共助、共向、共行。

第三十六章　微明与道噬

[古文]

将欲歙①之,必固②张之;将欲弱之,必固强之;将欲废之,必固兴之;将欲取③之,必固与④之。是谓微明⑤。

柔弱胜刚强。鱼不可脱⑥于渊,国之利器⑦不可以示人。

[注释]

①歙:歙阖,拉拢,敛,合。

②固:顺"道"而牢固,意为使之不可脱。

③取:引取。有本作为"夺"。

④与:给,同"予"。

⑤微明:意为在歙张、弱强、废兴、取与的幽弱微妙关系变化中渐显明,译为微妙显化或几先征兆。

⑥脱:离开、脱离。

⑦利器:意为关系国家核心利益的重大决定和秘密战略重器,借指内核关枢密器。

[译文]

将要歙阖的,必先捭张;将要凌弱的,必先固强;将要废弃的,必先兴举;将要夺取的,必先给予。这些都是微妙显明的。

柔弱胜刚强。鱼不可以脱离池渊,国家的利器不可以轻示他人。

[说明]

此章通过对四对反义词、鱼不可脱渊的自然现象,以及国之利器不可示人的人类活动等的阐述,重点揭示"微明"这一"道用"。其实质是"道""处下"的另一种表达。

郭店楚简版《老子》无此章。

长沙马王堆汉墓帛书《老子》甲本、乙本均有此章。

"歙",帛书《老子》甲本作"拾"。

"将欲废之,必固兴之;将欲取之,必固与之"句,马王堆汉墓帛书《老子》甲、乙本原句为"将欲去之,必古与之。将欲夺之,必古予之"。

"必固张之",应按照《老子》的核心思想"顺道自然"观念理解本句。"必固张之"可以理解为"必张之固",即按照"道"的规则使之张,从而使之进入"道"的轨道这个必然。"将欲歙之,必固张之",可以理解为,将要"顺道"歙阖的,必定存在"逆道"捭张的。

[引思]

歙张有度,捭阖显藏

"道"的表现形式多种多样,歙张是"道"的一种表现形式。顺"道"的,会紧紧跟随"道"而不断收敛回归至"道"的轨道上,若不收敛到"道"的轨道上就是"张"的过程,"张"就是"离道"过程。若"张"的太远,即"离道"很远时,自然就要收敛,否则就会灭亡。不"张"是"大德"的表现,小"张"是"中德"的表现,大"张"是"离德"的表现。此意与"上德不德,是以有德""下德不失德,是以无德"类似。因而歙张是"道"的一种表达形式。歙张,也是"天道"物竞,自然进化的结果。自然中存在大量歙张现象。比如秋收冬藏叶落、朝霞云集雨下、月落潮涨等等,就是典型的歙张现象。再如食虫草、鼻笼草、食人树,为食取动物,都是先打开再闭合。宇宙存在大量歙张现象。比如,大量星云随着星系运行,先是星云大量汇集扩张,在扩张的过程中相互撞击形成大量极高温度、极度原子反应、极度离子反应、极度空间塌陷与极度星旋、能量重聚等等,不同的扩张与不同程度能聚反应,产生不同的新星河、新星系、新的逃逸新星、新空间。再如宇宙所有物质,都是若干氢原子经过核聚变而来,但氢原子又是怎么来的? 氢是在极特殊环境下质子与电子高速运转而形成的。氢原子产生过程就是质子、电子相互歙张融合的一类案例。人类社会存在大量歙张现象。鬼谷子的捭阖之术,也是一个典型例子。常言中的"自作孽不可活""要其灭亡,使其疯狂"等,亦是此理。人类的人口规律,符合歙张现象,即人口达到一个高峰期阶段,必然有危机发生,可能是资源限制,可能是思维变化,可能是战争原因,可能是人类一时不可控制的疾病等,当然也可能因政策原因,导致人口由"张"至"歙"。经济规律中的歙张现象也很广泛。比如股市涨落、物用供需、产出能耗等等。"运筹帷幄,决胜千里",是人类社会运作的歙张表现形式。

微明时常,修正新成

《老子》把歙张、弱强、废兴、取与,作为"微明"的四种现象进行表述。笔者认为,"微明"对人类社会发展起到至关重要作用。古人通过"微明"总结了很多的规律、发现了很多新物质、制造了很多新产品。如四大发明中的指南针,就是对磁现象发现的结果。意大利科学家伽利略在比萨斜塔开展的两个大小不同的铁球同时着地的著名实验,就是伽利略对自由落体多次验证的结果。伽利略为什么能够挑战著名哲学家亚里士多德的所谓真理呢?主要原因是伽利略对重力这一微小变化进行多次实验的结果。再比如,人类橡胶、人造玻璃、镭元素的发现等,无不显示人类以"微明"姿态工作的结果。当今科学家,通过研究微原子、微结构、微现象、微变化等,发现新的物种、新的状态、新的物质、新的材料、新的能源等,此类是"微明"的种种表象。

柔弱刚强,道利人间

在弱强方面,历史多次印证"弱"柔非弱的结果。比如,朝鲜战争,就是典型的强弱战例。当时弱小的中国,最终战胜以美国为首的强大联军。虽然当时美国拥有原子弹等世界最先进的武器,但是在世界强大舆论、中国人民与朝鲜人民强大反抗之下,最终打成了平手或者说中国赢取了战争胜利。柔弱胜刚强方面,《老子》仅枚举了两个例子。一个是自然界的例子,即鱼不可离渊。一方面该例子重点阐述鱼离不开大的环境,一方面以鱼离不开渊这一自然现象,阐述万事、万物、万类、万理、万态离不开"道"。另一个是人类社会的例子,即国之重器不可示人。该例子重点阐述"道"是可以被理解认识的,但一国治理的核心要义不可以随便轻示他人。此犹如常言"法不轻传、道不贱卖、师不顺路、医不叩门"之理。笔者认为,柔弱胜刚强是人类个体或组织互比,于人类整体无益。人类所有个体、所有组织、所有邦国,应逐步以人类命运共同体为核心,为人民利益、为人类未来发展,自觉做出点滴贡献。

第三十七章　道为与无名

[古文]

道常无为①而无不为②。侯王③若能守之④,万物将自化⑤。化而欲作⑥,吾将镇之以无名之朴⑦。无名之朴,夫将不欲⑧。不欲以静,天下将自正⑨。

[注释]

①道常无为:意为"道"永远保持自我状态而对万事、万物、万类、万理、万态是否顺"道"无所使作,即"道"常恃自然。

②无不为:意为虽然"道"常"无为",但是没有万事、万物、万类、万理、万态最终不顺"道"而为的,即"道"无不使作。

③侯王:此处"侯王"与《老子》第二十五章中的"域中四大,故道大,天大,地大,王亦大。域中有四大,而王居其一焉"中的"王"有相同意思。释义见第二十五章中的"王"的释义。

④守之:守"道"。之,指"道"。

⑤自化:意为自我遵循入"道"的过程或自我按"道"生化的过程,即自我循"道"、自我化育、自生自长。

⑥欲作:意为欲逆"道"行作。

⑦吾将镇之以无名之朴:我将以"无名"之"道"原朴去镇定或

拔正逆"道"行作。"无名"指"道"。"朴"形容"道"的真朴。

⑧不欲：不逆"道"。

⑨自正：有传本为"自定"，意为自然修正回归于"道"的过程。

[译文]

"道"常恃自然而无不使作。侯王如能持守它，万物将自生自长。自生自长而欲逆"道"行作，我就以"无名"的真朴镇定它。"无名"的真朴，必将持"道"，不逆"道"作为。不逆"道"作为而趋于宁静，天下将自然复正归"道"。

[说明]

此章重点阐述顺"道"自化、逆"道"用朴。

郭店楚简版《老子》原文为："道恒亡为也，侯王能守之，而万勿将自伪。伪而欲作，将贞之以亡名之朴。夫亦将智足，智以束，万勿将自定。"

"道常无为而无不为"句，在长沙马王堆汉墓帛书《老子》甲本、乙本中原文均为"道恒无名"。

"无名之朴，夫亦将不欲。不欲以静，天下将自定"句，在长沙马王堆汉墓帛书《老子》甲本、乙本中原文均为"镇之以'无名'之朴，夫将不辱。不辱以静，天地将自正"。

"夫将不欲"，有本作"夫亦将不欲"，王弼注本《老子》作"夫亦将无欲"。

"天下将自正"，有本作"天下将自定"。笔者倾向于"天下将自正"，因为逆"道"有自我修正过程。"天道"自我修正，人类难以干涉。

[引思]

无为而无不为

有的学者把"无为"理解为放任，有的理解为不作为，有的理解为不妄为。根据《老子》对"道性"的阐述、"道"具有独立不改的特性等，笔者认为"无为"是保持"道"的独我性。"无为而无不为"的意思是，"道"永远保持自我状态，对万事、万物、万类、万理、万态是否顺"道"无所使作，不加以任何干涉。虽然"道"常无为，但是万事、万物、万类、万理、万态，包括人类，最终都要顺"道"才可以产生，才可以发展，才可以永存。万事、万物、万类、万理、万态均归"道"。因此，"道"是"无不为"。这好像是"大道"比若洪水泛滥，自我行径，其可左右，润泽两岸而我行我素。

万物自化

"万物自化"，是说万物自生自长、自我化育、自我与"道"保持一致。比如，自然界的瓜、果、粮、蔬都按照地球季节而自然成熟。瓜、果、粮、蔬自然成熟的这种"自化"，是满足其条件的结果。只要遵守其"道"便自化。再以人类宗教为例，每种宗教道义，就是教徒自化的"道"。最典型的是道路使行人自化，在捷径未开通之前,行人要爬坡上坎,捷径开通后,行人自然顺着捷路通行。高速公路、高铁、地铁开通之后,人出行自然乘坐更方便更快捷的交通工具。不过,"自化"需要前提条件。不同的基础与前提条件,自化程度、自化结果是不一样的。同样是治国,与古代文明相比,因现代社会有发达经济、先进科技、现代教育水平等,现代文明程度更加发达,治国更为社会化、法序化、全球化、精细化、人文化、科技化、现代化、文明化、数字化,以致必然产生虚拟人、脑机结合机器人,以及躯体融合AI、GPT技术等新人类。对新人类自化而言,"自化"过程中极其重要的前提条件是对自我认识与勇于实践、对材料认识及充分利用、对工具创造及运用等。在人类面临的现有环境、现有资源的生存条件下,世界各民族团结一心,各教派团结一体,各组织融合同向共进,大整合、大融合、大共向、大发力,人类高度自化才有更大希望。如果发现耐万度、耐千万度、耐亿度的高度材料,制造近光速度、同光速、超光速或其他创新乘坐工具,改变人类与所有动植物的生物存在、基因序列、机械结构,突破多维度存在、机械基因共同存在、智能机体同在等更新方式,新人类"自化"程度就将达到崭新的高度。

欲作持朴

"作",是分类的。有顺"道"而作、有逆"道"而作、有正向而作、有负向而作、有虚作而实不作、有实作而虚不作、有大作而小不作、有小作而大不作……"作"，必须有"作"的结果。"欲作"，结合《老子》通行本第三十七章上下文，此处主要是"逆道"而"作"之意。那么创新也是否是"逆道"而"作"呢？显然不是！创新，是结合新基础、新条件、新环境、新情况、新问题、新矛盾、新形势、新对象等，改旧换新。以中国式现代化为例，新质生产力、新生生产资料、智人等，是现代化条件下新式生产关系永不枯竭的创新。这种对原、旧、老、故、陈等改变调整以适应新未来，这也是"道"的重要内涵。因而，创新，不是逆"道"，而是"朴"的另一种表现形式。为何"无名之朴"可以"镇""欲作"呢？原来，"朴"是"道"的基本形式，若不保持"朴"，就可能远离"道"，远离"道"必然会导致不可长存。欲要长存，必然保持"朴"的状态。

以静为要

什么是静？从哲学观点看，世界分为物质（存在）、意识（思维）、物质与意识联结体（存在与思维的桥梁）、未知。在物质世界里，能、态、动、势、衡、静、特性、时空、维度，是所有物质不可缺少的。对一个人来讲，内心安宁，平和有序，外形安稳，平实稳健，就是静。一个人，以静为心，可成大事，为静护康，可至长寿。物质在保持一定能量的状态下，不断运行，多个运行体处于相对平衡的状态，就是静。以人类所居太阳系的相对静态为例。太阳系静态，是银河系运行臂在高速运转情况下星系距离、位置、能量、银河系臂波潮力和能量与太阳系内部各星球相互作用力、共同抗力、共同能量的作用下，实现动态平衡，最终达到相对而"静"的状态。"静"的作用十分巨大。以太阳系之"静"态作用为例。太阳系处于相对"静"的状态，太阳系内部各星球位置、能量关系处于相对稳定关系，地球上因此有四季变化。如果太阳系之"静"态发生变化，必将严重影响人类生存。太阳系之"静"不是一成不变的。太阳系各星球之间相互稳定的关系，必将随着银河系、银河系周边星系、银河系臂力、太阳系周边星系等变化而变化。因太阳系之"静"变化，必将导致将来某一天太阳、地球相对位置发生巨变，那时的地球不再适应人类生存。人类必须在另一个河系寻找下一个"地球"。人类真正的延续，是在"静"态星系、河系中不断寻找新的家园。

自正顺道

《老子》文中提到自生、自遗、自然、自见、自是、自伐、自矜、自宾、自均、自知、自胜、自富、自化、自朴、自贵等。其中"自正"是为了最终实现"顺道"目标，"顺道""自然"是"自正"的必然过程。"自正"的含义深刻。对一个人来讲，"自正"是一个磨砺的过程。对一个组织来讲，"自正"是一个成长阶段。对一个国家来讲，"自正"是长治久安的重要内涵。对自然界来讲，"自正"是自我修复回归自然本性的过程。对宇宙万物来讲，"自正"是"天道"不断回归"道"性的过程。对一种理论或一种体系来讲,"自正"是一个逐步完善和逐步提高的过程。"自正"过程,十分不易。从古至今的所有人甚至圣人,都是经历风雨雷电、冰雪寒霜等番磨砺之后形成零散的自我理论。在"自正"逐步回归"天道"的过程中,这些零散理论逐步完善成系统理论,最终建立起能引导世界大众、更新人类发展理念的一套新理论。一句话,圣人亦会经历"自正"过程。

第三十八章　德衣与道本

[古文]

上德不德①,是以有德;下德不失德②,是以无德③。

上德无为而无以为④;下德为之而有以为⑤。

上仁⑥为之而无以为;上义⑦为之而有以为。

上礼为之而莫之应⑧,则攘臂而扔之⑨。

故失道而后德,失德而后仁,失仁而后义,失义而后礼⑩。

夫礼者,忠信之薄⑪而乱之首⑫。

前识者⑬,道之华,而愚之始⑭。是以大丈夫处其厚⑮,不居其薄⑯;处其实,不居其华。故去彼取此⑰。

[注释]

①上德不德:德,王弼注为"德者,得也",根据"德"的古义,结合此章,可解为:"德"即刻意与"道"保持一心、一致。"上德",始终与"道"保持一致,"逆道"初态且保持"原朴"的状态。"不德",不拘于"德形"。"上德""不德",始终与"道"保持一致的人,不在乎与"道"保持一致的形式。王弼注"上德之人,为道是用"。

②下德不失德:"下德","远德",即与"道"有间或远离"道"。不失"德",却彰显自己不失"德形"。"下德"不失"德",与"道"有间

的人,而彰显自己不失"德形"。

③无德:没有与"道"同行,即没有"德"的境界。

④上德无为而无以为:"上德"顺应"道"不加以干涉而没有什么阻止万事、万物、万类、万理、万态和未知自身之"道"作为和万事、万物、万类、万理、万态和未知的自身发展。无以为,以"道"无为,即"道"不加以干涉。

⑤下德为之而有以为:与"道"有间距的,"道"不加以干涉,从而促进万事、万物、万类、万理、万态或未知自行有所作为并最终回归其"道"本身。有以为,以"道"有为,即以"道"加以干涉。

⑥上仁:"仁",天地相爱即"仁",种子内核能促使种子再生即"仁"之本义,此处指近乎"道"的核心并精心顺应。"上仁",即"尚仁",始终近乎"持道"而致"仁"。

⑦上义:"义",从象形看古义,是与羊一样与人相善,己之威义也,此处指近乎"道"的大义并大略顺应。"上义",即"尚义",始终大略"持道"而致"义"。

⑧上礼为之而莫之应:"礼",以事神致福也,此处指秉持"道形"却远离"道核"。"上礼",即"尚礼",注重更多"道"的形式却远离"道"的本质和核心。"上礼"的,虽以"道"的名义驱驶万物,但是却没有顺应甚至远离万物本身之"道",万物必将没有响应。如先礼后兵,其含义对于敌我双方来讲,"礼"隐藏着"兵"这个巨大危

机;对自己来讲,因失"礼"来推断对方失义、失仁、失德、失道,必须以兵来匡正对方入"道"。

⑨则攘臂而扔之:对不按礼而为者则攘臂而扔之。"道"按照自身规律,攘臂万事、万物、万类、万理、万态、未知,从而扭转"逆道"行为并促进万事、万物、万类、万理、万态、未知者"顺道"。

⑩失道而后德,失德而后仁,失仁而后义,失义而后礼:失"道"而后,至少持"德"(与"道"同心同德、同行同为);失"德"而后,至少持"仁"(持守"道"的核心要义、重生力量);失"仁"而后,至少持"义"(持守"道"的大义方略、避开"道"的形式);失"义"而后,至少持"礼"(远离"道"的内涵、保持"道"的形式)。

⑪忠信之薄:忠,以"道"为中心。信,以"道"为言互相信任。薄,衰落,不足。

⑫乱之首:"道"序混乱的开端(起因)。乱,破坏"道"。

⑬前识者:递级向前辨知格识者。

⑭道之华,而愚之始:"道"的内华,若愚不启道用之始。

⑮处其厚:厚,王弼解为"仁德之厚"。河上公注:"处其厚者,处身于敦朴"。陈鼓应注:"处其厚:立身敦厚"。笔者认为,处其厚,即处于"道"之原厚。

⑯薄:浅薄。陈鼓应注"浇薄,指'礼'"。有学者解为"不足""衰薄"等。

⑰去彼取此：据其"道然"、反思"道害"。王弼解为，"载之以道,统之以母""母不可远,本不可失""仁义,母之所生,非可以为母",不可以"舍其母而用其子,弃其本而适其末"。陈鼓应注："去彼取此:舍弃薄华之礼,采取厚实的道与德。"

[译文]

与"道"至同不在乎"道形",因此有"德"；与"道"有间不失"德"形（"道"的主线），因此没有达到"玄德"的境界。

与"道"至同（"道"）没有干涉而以（"道"）无为,与"道"有间（"道"）加以干涉而以（"道"）有为。

"仁道"加以干涉而以"道"无为；"义道"加以干涉而以"道"有为。

"礼道"加以干涉而没有响应"礼",于是扬臂强拉人家。

因而,失"道"而后持"德",失"德"而后持"仁",失"仁"而后持"礼"。礼（这个东西）,是忠信浅薄（的映衬）,且是"道序"混乱的开端。

（递级）向前辨知格识者,只是认识到"道"的内华而处于若愚的起点。因此,大丈夫处于"道"的原厚,不居于"道"的浅薄；处于"道"的敦实,不居于"道"的外华。因而剥离"道"的表华获取"道"的实朴。

[说明]

此章重点阐述遵"道"层次与相应后果。

有学者认为，自此章始，《老子》重点述"德"；亦有学者认为，此章为《道德经》中《德经》起章；亦有学者认为，本章的"道""德""仁""义""礼"的含义已失去老子所说的真正含义。

此章以"德"为外衣，以"道"为根本，"德"仅是"道"一种表达方式，其本质是"道"。本章从不同层次阐述了对"道"掌握的不同程度及相应后果。

"下德无为而有以为"句，王弼《老子》注本中有此句。许多《老子》版本中无此句。帛书《老子》甲、乙本无此句。上德、下德，分别对应上仁、上义、上礼三个层次。"道"总揽，"德"持"道"，"仁""义""礼"是持"道"的不同层次。

[引思]

何以为"上德"

"万事"，莫不顺其自身规律而由来、经过、变化、终结；"万物"，莫不遵循其理化特征而产生、适应、发展、消失；"万类"，莫不归属其特有属性而顺应、互联、衍化、归宗；"未知"，莫不拥有其所处时空、维度、方式、效应……这些都是"道"的驱使，"道"的作用。然而，人类认识有限、知识有限、时间有限、维度有限、科学技术有限等，加之万事、万物、万类、万理、万态、未知，都有"道"的相同之处。因而，人类可以通过有限之"理"认知或推演"道"的核心本质，却不能完全掌握"道"的所有。因而，人类可以掌握"道"的核心与本质，虽然不全面，但这是人类的"上德"。

何以为"上仁"

在无限网状纤维一般的宇宙里，万事、万物、万类、万理、万态，都在各自时空维度中自由运行，互为约束，和谐共处。维度、磁性、辐射、引力、斥力、星河旋力、宇内不可见黑洞体系星系与可见的星系河系之间相互举力平衡。人类作为其中一员，包容超越，慈心博爱，同心创新，在人类有限的时间空间内，破解"德"之不足，共拒宗教之争、共弃资源之争、共远族国之争，共同利用地球有限资源，共同利用太阳系、银河系资源，以AI机器人、人机融合新人、新人类等形态，突破上述空间维度与磁性辐射和星球之间各力，共同向宇宙深度进发并真正引导人类在宇宙中自由度生，这是人类的"上仁"。人类命运共同体，是"上仁"的重要载体之一。

何以为"上义"

远"道"而行、背"道"而驰，是万物灭亡的起点、万事再发的理头、万类乱序的根源、未知跨度的缘由。出现"远道""背道"情形时，"道用"发挥主观能动性，"道"能自行加以干涉，促使万事、万物、万类、万理、万态回归其"道"的轨道，这就是"上仁"之举。"上义"是有为的，"上义"是纠偏万事、万物、万类、万理、万态的，这是"道"的作为、"道"的使然。人类作为宇宙的小分子，顺应地球自然变化，适应宇宙时空秩序，适应共同走向宇宙深处的生存法则，对非"人道"予以纠偏，这是人类"上义"的体现。如科学家袁隆平，为人类粮食生产贡献毕生，在其团队及后继者们共同努力下，改变人类因食不果腹为生存而乱战的局面，这就是上义、上仁、上德。当下及今后若干岁月，人类许多假仁假义的群体，以小群体的"公"为名，发动战争冲突，满足小群体"私"利；以大宗货、大房产、大货币、大研团、共财团、核心技术独有者、技术资本资源垄断者等维度或方式，取利各自小群体（含所谓的什么会、什么盟、什么体、什么财团、什么精英等），绝非"上义"。人类应该改变这些方式，把地球有限资源、人类有限生存时间放在人类共同利益上，破除民族小群体、宗教小团体、社会小组织等私利格局。现代人类的个别国家、个别组织、个别小团队、个别极端人员，总想以有毒有害化合物、核弹、制造传播病毒、基因战、垄断某资源、金融核弹、某生物技术、单片机或智能机、虚拟平台网控、新人（机器人或类人）等等制造混乱，甚至推进生物战、海洋战、气象战、光纤战、意识战、科技战、星球战、管线战、人类太空战等。这些方式，只会威胁到人类自身，也会间接地威胁到自己或所在群体。

何以为"上礼"

人类社会秩序,是宇宙内最复杂的关系。为了使一种社会乃至组织持续稳定,人类制定了等级、经济、政治、文化、社会、生态、生产、生活等法则,常以法、纪、职、德、礼、乐等方式表达,形成团队、组织、宗族、民族、区域、国家、联合体等。在人类繁杂的秩序中,"礼"是一种维护秩序的手段。对顺应秩序的,许多跟随者响应。对破坏秩序的,尤其是那些远离组织的逆流者,需要通过一定形式、动作或作为使其回归,以防止组织的灭亡,这就是追求的"上礼"。因而老子讲,"礼者",乱之首也。

后　记

　　书籍万千,各聚"道"焉,理工哲文,唯"道"是先。遵林雨先生之嘱,再弄笔墨,强起后记,以复"道学"。

　　再而论"道"。宇内万物,序"道"而行,人类万事,顺"道"而生。吾心,分宇内、宇外。宇外者,空空如野,星河无存,客观无存,谓之"无"也。宇内者,星河运转,真空常在,银河系与邻周星系之间相系牵制互存而行,太阳系在银河系臂中适宜而生,此谓"天道",宜仰敬"天道"也;银河系,超光健行,地势常坤,当前在太阳系中人类生存的唯一地球自我作为,顺应而存,此谓"地道",宜致敬"地道"也;太阳系,阴阳均衡,光谱常明,地球上万类生灵与人类应水而生,人伦聚兴,此谓"人道",宜内俯"人道"也。天道、地道、人道之间,有"元头"之灵。因有"元头"之灵,"元头"穿越物质,"元头"穿透意识,故天下万教九流归宗而时常恪己也。因天道、地道、人道之存，"元头"之灵，故而自古人间文起而各教兴焉，各教无不敬天、敬地、敬水火、敬神灵也，故而"道"之大也。因"道"之大力驱势，大"道"生焉，大"道"畜焉，无不繁荣，故而论"道"。

再而唯"道"。"道"生一，一生二，二生三，三生万物，"道"为万众、万事、万物、万类之母也，故而唯"道"是从也。德，小逆而后顺大"道"。修德，就是为了持"大象"而顺"道"的过程。物有广德，其发展变化，归于物"道"。因持物"道"，万物皆为有用之物也。神有灵德，其感应显匿，归于神"道"。因持神"道"，万教皆有谷神之灵也。人有"道"德，其驱物兴思，归于人"道"。因持人"道"，万众皆有致"道"修德之为也。因"道"持元，而生天、生地、生物、生灵、生人、生德、生万类。因"道"本性，而万事万理顺应，故而唯"道"是从也。"道"失而启德，德失而发善，善失而聚仁，仁失而有义，义失而兴礼，故而"道"用长久，唯"道"是从也。综上所述，"道"为渊源，"道"生德善，"道"发万类，"道"顺自然，故而唯"道"是从也。

再而止"道"。"道"生万物，万物顺"道"。"道"序续然，万物顺焉。小"道"可行可止，大"道"永行无竭。究"道"而为"道"，为"道"而行"道"，行"道"可持常态以致于无态之境地，是为无止境也，即止"道"。"道"存于尘土之下，"道"存于光耀之上，"道"存于流水之间，"道"存于足步之中，行"道"在日常，持行必有获，故止于行"道"。天地止于"道"，万物止于"道"，人类止于"道"，故而止

"道"。时至现代,二进制或三进制驱使下的数字集成电路智能设施设备,与超级计算机网络体系的密切结合,包括人机结合体,亦止于硅基生命之"道",亦止于碳基生命之"道"。超级搜索、终极算法,亦止于进制之道……万众明"道"而恪己修炼作为,德亦生焉,故"道"德相生,故止"道"于此。

新而成"道"。宇内有"存在",宇外有"无"在,宇内有"存在"之"意识",宇外有"元头"之灵气;"意识"可穿透宇外而有"道"意,"元头"可穿透宇内而结"道"缔。"无"者,宇内物质湮灭者皆谓之"无"也,宇内生物无灵亦谓之"无"也;宇外空无客体也,亦称"无"。宇内万类之客观物体、人类万事之客观规律,无不遇"元头"而万象更新,自我成"道";世界万教之运行、宗派万流之驱使,无不持"元头"而万类造化,自我成"道";宇内宇外,"元头"皆在。万教根源何处在,九流几时不胜赛,自古人间寻道原,"元头"新"道"是媒介。宇外宇内无不时时处处推陈出新,此谓新"道"也。

春风化雨千山秀,绿波掀浪万象新。人生百年,光阴荏苒,唯有前行,方能功成。小"道"有成有为,大"道"无成无形,成"道"唯持唯新。为"道"行远,余乘以闲隙,假以壁光,阅众者之智长,汇大成之博知,集多年之思成,理常岁之录载,究人类之道、宇内之行、宇外之畅,终成《老子》之"道"册。若本册益于万教九流,益于人类前行,《老子》之"德"册将奋力而为焉。是为记也。